Jan Völkel

Religion und Ethik in der Wirtschaft

Unterrichtsmaterial für berufsbildende Schulen

RU PRAKTISCH – BERUFLICHE SCHULEN

mit 14 Abbildungen und E-Book
unter http://www.v-r.de/Religion_und_Ethik_in_der_Wirtschaft
Passwort: 4FDAWEKU

Vandenhoeck & Ruprecht

Ausgewählte Materialien zur Weiterarbeit

- Fluter – Das Jugendmagazin der Bundeszentrale für politische Bildung
  Ausgaben: Engagement, Sein und Haben, Geld, Arbeit, Eigentum
  www.bpb.de/shop/zeitschriften/fluter/
  www.fluter.de

- BRU – Magazin für den Religionsunterricht an berufsbildenden Schulen
  Ausgaben: Konsum, Geld, Zahltag
  www.bru-magazin.de

- entwurf – Religionspädagogische Mitteilungen
  Ausgabe: Geld
  www.entwurf-online.de

- Mit Verantwortung: Sozial und ökologisch handeln im Unternehmen
  Unterrichtsmaterial für die Sekundarstufe II.
  http://www.jugend-und-bildung.de

- Gottfried Orth: »Siehst Du den Balken nicht?« Soziale Gerechtigkeit.
  Religionsunterricht praktisch Sekundarstufe II.
  Vandenhoeck & Ruprecht, Göttingen 2008

- Standpunkte der Ethik – brisant. Materialien für den Unterricht. Wirtschaft in der Krise.
  Schöningh, Braunschweig

- Kurshefte Ethik/Philosophie: Technikphilosophie und Wirtschaftsethik. Cornelsen, 2001

Bibliografische Information der Deutschen Nationalbibliothek

Die Deutsche Nationalbibliothek verzeichnet diese Publikation in der
Deutschen Nationalbibliografie; detaillierte bibliografische Daten sind
im Internet über http://dnb.d-nb.de abrufbar.

ISBN 978-3-525-77675-9
ISBN 978-3-647-77675-0 (E-Book)

Umschlagabbildung: © Danomyte – fotolia.com
Abbildungen: Alle Vignetten: fotolia.com / S. 9 © Bikeworldtravel – fotolia.com / S. 25 © Hans-Jürgen Krahl – fotolia.com

© 2013, Vandenhoeck & Ruprecht GmbH & Co. KG, Göttingen /
Vandenhoeck & Ruprecht LLC, Bristol, CT, U.S.A.
www.v-r.de
Alle Rechte vorbehalten. Das Werk und seine Teile sind urheberrechtlich geschützt.
Jede Verwertung in anderen als den gesetzlich zugelassenen Fällen bedarf der vorherigen
schriftlichen Einwilligung des Verlages.
Printed in Germany.

Satz: SchwabScantechnik, Göttingen
Druck und Bindung: ⊕ Hubert & Co., Göttingen

Gedruckt auf alterungsbeständigem Papier.

Inhalt

Zur Konzeption dieses Bandes 4

»Was heißt hier gelogen?« – Ehrlichkeit im Handel
Einleitung zum Modul und Lösungshinweise 5
Materialien
    M 1.1 Folie »Rabatte« 8
    M 1.2 Arbeitsblätter »Verkaufstricks im Einzelhandel« 9
    M 1.3 Text/Arbeitsblatt »Beim Einkauf stets jeden Cent im Blick« 15
    M 1.4 Arbeitsblatt »Zitate zum Thema Wahrheit und Lüge« 16
    M 1.5 Text/Arbeitsblatt »Martin Luther: Von Kaufshandlung und Wucher« ... 17

»Soviel du brauchst?« – Zur Frage der gerechten Entlohnung
Einleitung zum Modul und Lösungshinweise 19
Materialien
    M 2.1 Arbeitsmaterial »Wer verdient wie viel in Deutschland?« 25
    M 2.2 Arbeitsmaterial »Gesichtspunkte einer gerechten Entlohnung« 28
    M 2.3 Text/Arbeitsblatt »Lohn-Kluft für Frauen« 29
    M 2.4 Text/Arbeitsblatt »Pro und Contra Mindestlöhne« 30
    M 2.5 Texte/Arbeitsblätter »Was ist/Warum brauchen wir das bedingungslose Grundeinkommen?« 32
    M 2.6 Text/Arbeitsblatt »Ich bekomme quasi Schmerzensgeld« 34
    M 2.7 Arbeitsblatt »Was sagt die Bibel?« – Zwei Beispiele 35

»Bitte lächeln!« – Wie sehr darf ich im Beruf ich selbst sein?
Einleitung zum Modul und Lösungshinweise 36
Materialien
    M 3.1 Folie »Emoticons« 39
    M 3.2 Arbeitsblatt »Die sieben Grundemotionen des Menschen« 40
    M 3.3 Folie »Maske« 41
    M 3.4 Text/Arbeitsblatt »Lachen von Berufs wegen …« 42
    M 3.5 Text/Arbeitsblatt »Wenn verordnetes Dauerlächeln krank macht« 44
    M 3.6 Arbeitsblatt »Wie sehr würde ich mich für meinen Beruf verstellen?« ... 46

»Stadt – Land – Geld: Ein Spiel für alle Fälle« 47

Zur Konzeption dieses Bandes

Die Grundidee dieses Bandes ist es, Lehrerinnen und Lehrern an beruflichen Schulen Anregungen zu geben, wie sie das Thema *Wirtschaftsethik* in ihren Unterricht einbringen können.

Wirtschaftsethische Fragen bewegen sich dabei aus Sicht der Schule im Schnittpunkt der Fächer Religion, Ethik, Wirtschaftslehre und Politik. Trotz aller Bemühungen, Lernfeldkonzepte und fächerübergreifenden Unterricht umzusetzen, prägt die Fächerstruktur, auch aufgrund der fachsystematischen Lehrerausbildung, den schulischen Alltag noch immer. Das vorliegende Material wendet sich deshalb nicht nur an Religions- und EthiklehrerInnen, sondern besonders auch an Kollegen und Kolleginnen der wirtschaftsbezogenen Unterrichtsfächer.

Der interessierte Praktiker findet auf dem Schulbuchmarkt und im Internet durchaus einige Unterrichtsanregungen zum Bereich der Wirtschaftsethik. Diese beschäftigen sich aber meist mit systemischen Fragen, etwa den Ursachen der aktuellen Finanzkrisen, und sind oft auf einem recht abstrakten Niveau angesiedelt. Hier soll dagegen versucht werden, stärker auf individuelle und betriebliche Aspekte der Wirtschaftsethik und das Erleben der Schülerinnen und Schüler[1] einzugehen.

Unterrichtsmaterialien für den Wirtschaftsunterricht sind oftmals, auch im Hinblick auf mögliche externe Prüfungen, auf den Erwerb reproduzierbaren Wissens und die Einübung bestimmter Methoden hin konzipiert. Die vorliegenden Texte und Aufgaben sollen Zugänge aufzeigen, wie die Behandlung wirtschaftlicher Themen um Meinungsbildungen und Standpunktbestimmungen der Schüler erweitert werden kann.

Probleme und Konflikte des Wirtschafts- und Berufslebens sollen dabei ins Bewusstsein gerückt werden. Es wäre aber eine Selbstüberforderung des Unterrichts und auch der Lehrerpersönlichkeit, diese immer auch mit Hilfe der Religion oder Ethik lösen zu wollen.[2] Die Schüler sollten die Möglichkeiten ihres Handelns erkennen und zur Gestaltung ihres (Berufs-)lebens ermutigt werden, sich aber auch in bestimmten Situationen die Grenzen ihrer Einflussmöglichkeiten bewusst machen.

Die vorliegenden Materialien und Aufgaben sind Vorschläge, wie diese Prozesse im Unterricht angeregt werden können. Viele Lösungsvorschläge stellen eine Möglichkeit unter vielen dar, individuelle Schülerantworten oder Diskussionsverläufe sind oftmals kaum vorherzusehen. ReligionslehrerInnen haben besonders in Diskussionen, die aus diesen Unterrichtsvorschlägen entstehen können, die Möglichkeit, theologische Impulse und konfessionelle Standpunkte verstärkt einzubringen.

Gerechtigkeit, Wahrhaftigkeit und Identität sind aus theologischer Sicht implizit religiöse Themen. Um das vorliegende Material auch für die Kolleginnen und Kollegen anderer Unterrichtsfächer nutzbar zu machen, tauchen explizit religiöse Bezüge bewusst nur an wenigen Stellen auf.

Dieser Band soll den Ideen- und Materialfundus der interessierten Lehrkräfte erweitern. Alle Benutzer möchte ich ausdrücklich dazu ermutigen, ihn kreativ zu nutzen und das Material den eigenen Bedürfnissen in jeder Hinsicht anzupassen.

Jan Völkel

[1] Im Verlauf dieses Heftes wird aus Gründen der Lesbarkeit nur die maskuline Form verwendet. Es sei aber darauf hingewiesen, dass immer auch die weibliche gemeint ist.

[2] Vgl. Gerber, Uwe (2006): Wiederkehrende Fragen und Probleme des BRU. In: Gesellschaft für Religionspädagogik/Deutscher Katechetenverein (Hrsg.): Neues Handbuch Religionsunterricht an berufsbildenden Schulen (BRU-Handbuch). Neukirchen-Vlny: Neukirchener Verlag. S. 124.

»Was heißt hier gelogen?« – Ehrlichkeit im Handel

Idee und Ziele
Die Frage nach der Ehrlichkeit bzw. dem wahrhaftigen Reden und Handeln spielt in der Ethik innerhalb und außerhalb der Religionen eine zentrale Rolle. Gefragt nach wichtigen ethischen Lebensregeln nennen Schüler fast immer das bekannte Gebot »Du sollst nicht lügen!« an einer der ersten Stellen. Stärker noch als in der Rede zeigt aber die Frage nach dem ehrlichen Handeln, dass eine klare Unterteilung in »richtig« und »falsch« nicht immer einfach zu treffen ist.

Anhand der Darstellung verschiedener verbreiteter Verkaufstricks im Einzelhandel sollen die Schüler in diesem Unterrichtsmodul zunächst ihr persönliches Wahrheitsempfinden reflektieren und darstellen lernen. Das Material »Einkaufen mit Hartz IV« soll den Schülern helfen, als Konsumenten (auch wenn Sie nicht auf Transferleistungen angewiesen sind) mit derartigen Verkaufspraktiken bewusst umzugehen.

Anschließend können verschiedene Zitate religiösen und nicht-religiösen Ursprungs zum Thema Wahrheit und Lüge auf ihre Übertragbarkeit in die kaufmännische Arbeitswelt hin überprüft werden. Dabei können die Lernenden auch sich selbst befragen, ob sie in einem Unternehmen arbeiten wollen (oder müssen?) das ethisch fragwürdige Praktiken anwendet.

Anhand Luthers Text »Von Kaufshandlung und Wucher« kann schließlich die Preisbildung im Handel einer immer noch gültigen Kritik unterzogen werden.

Dauer
4–6 Unterrichtsstunden

Materialbedarf
Overheadprojektor, Kopien, Folienstifte, eventuell PC mit Internetanschluss und Beamer (nur für den ergänzenden Film zu **M 1.3**)

Verlauf und Hinweise
Das Bild eines Schaufensters mit großen »Reduziert«-Schildern soll zum Thema »Verkaufstricks im Handel« hinführen (**M 1.1**). Das Bild kann über den OHP präsentiert werden, die beispielhaften Impulsfragen können mit abgebildet oder vom Lehrer eingebracht werden.

Die Schüler werden in Gruppen eingeteilt und erhalten die Beispielkarten **M 1.2** (arbeitsteilig, 3,3,3 oder 2,2,2,3). Die Gruppen bearbeiten die Aufgabe für die Gruppenarbeit **M 1.2** (ebenfalls kopieren oder als OHP-Folie vorbereiten). Die Schüler präsentieren ihre Ergebnisse, die Karten verbleiben zunächst bei den Gruppen.

Anschließend sollen die Schüler über die Ergebnisse ins Gespräch kommen. Möglicher Lehrerimpuls: »Wurde Herr M. belogen?« »Wie würden Sie sich an seiner Stelle fühlen?«

Es ist zu erwarten, dass die Schüler die einzelnen Beispiele im Gespräch vergleichen und abwägen. Falls die Schüler eigene Erfahrungen mit Verkaufstricks einbringen, können eventuell weitere Karten mit den »Namen« dieser Tricks erstellt werden.

Im nächsten Schritt soll die moralische Abwägung visualisiert werden: Auf der Tafel (oder einer breiten Pinnwand) werden ganz links und ganz rechts die Schilder »Der Kunde wird belogen« und »Der Kunde wird nicht belogen« angebracht. Zunächst soll nun jede Gruppe ihre Karten auf dieser »Skala« zwischen den beiden Polen einordnen. Anschließend sollen die Schüler sich gemeinsam auf eine Anordnung der Karten einigen, die ihrem Gerechtigkeitsempfinden entspricht. Dies ist kaum endgültig möglich, kann aber zu einem gewissen Konsens und einer differenzierten Diskussion führen. Empfehlenswert ist es, dass nur ein Schüler die »Aufgabe« übernimmt die Karten umzuhängen und die anderen ihm erklären müssen, wie er das Tafelbild ändern soll.

Die Diskussion kann um die Frage erweitert werden, wer nun die Verantwortung für diese Verkaufstricks trägt (Der Händler? Der Hersteller? Beide? Oder ist der Kunde etwa selbst schuld, wenn er darauf hereinfällt?).

Zur Vertiefung und Sicherung werden die Schüler durch einen Beitrag zum Thema *Einkaufen mit Hartz IV* (**M 1.3**) noch einmal für die hohe Relevanz des Themas sensibilisiert. Die Schüler erstellen daraufhin in der Rolle von Caritas-Mitarbeitern ein Informationsblatt zum Thema günstiger Einkauf. Ergänzend oder alternativ zum Text kann der kurze Film »Selbstversuch: Einkaufen mit dem Hartz IV Regelsatz« gezeigt werden. (http://www.youtube.com/watch?v=MkvvGJcIHys)

Das Material **M 1.4** konfrontiert die Lernenden mit verschiedenen Zitaten zum Thema Wahrheit und Lüge, darunter auch Verse aus Bibel und Koran. Die Schüler reflektieren, in wieweit sich diese Aussagen auf die kaufmännische Arbeitswelt übertragen lassen.

Sprachlich nicht ganz einfach, aber durchaus lohnenswert ist die Auseinandersetzung mit einem Ausschnitt aus Luthers Text *Von Kaufshandlung und Wucher* (**M 1.5**). Er setzt sich kritisch mit der Preisgestaltung von Kaufleuten und dem Marktprinzip auseinander. Luthers Text kann auch als Überleitung zum Thema »gerechte Entlohnung« genutzt werden.

Lösungshinweise zu den Aufgaben
Mögliche Lösung und Einordnung der Karten M 1.2:

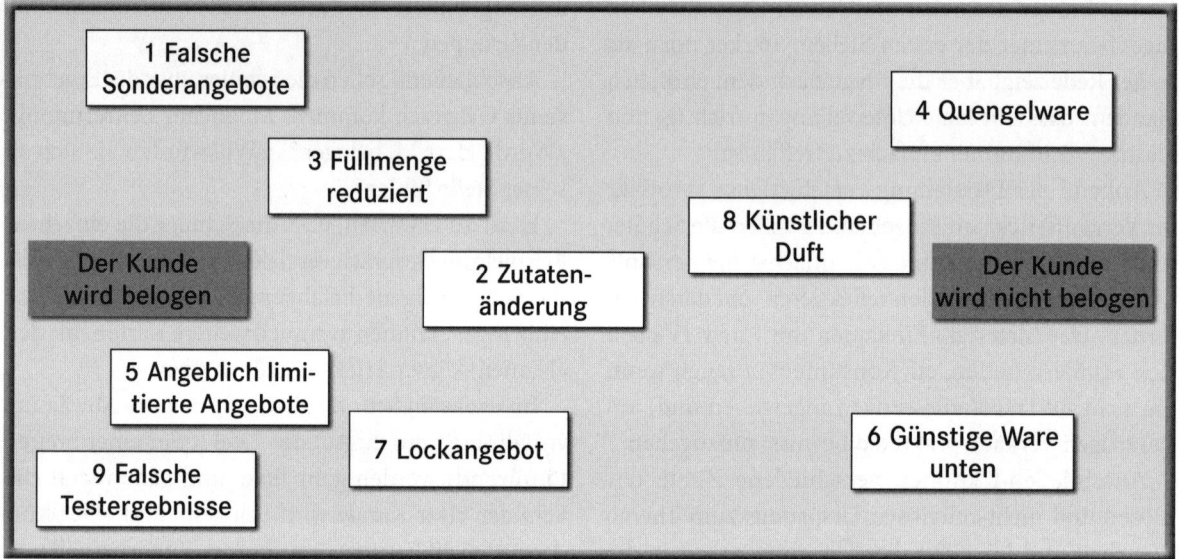

Mögliche Lösungen zu M 1.3:
Günstig einkaufen – Worauf man achten sollte
– Lassen Sie sich nicht von scheinbaren Sonderangeboten verleiten oder von Artikeln, die angeblich nur kurzzeitig verfügbar sind.
– Überlegen Sie vorher, was Sie wirklich brauchen und erstellen Sie eine Einkaufsliste.
– Kaufen Sie möglichst nicht unter Zeitdruck ein oder wenn Sie Hunger haben.
– Achten Sie auf die Inhaltsstoffe und die Füllmenge. Verpackungen können täuschen!
– Die günstigsten Waren befinden sich oft an den schwerer erreichbaren Stellen im Regal.
– Im Geschäft sollen Sie oftmals in Kauflaune versetzt werden, durch Musik oder künstliche Gerüche. Seien Sie aufmerksam!
– Prüfen Sie Werbung durch angebliche Testergebnisse kritisch.
– Setzen Sie sich ein Einkaufsbudget. Rechnen sie vor dem Bezahlen noch einmal nach!

Lösungshinweis zu M 1.4, Aufgabe 1:
(1) »Es gibt ebensowenig hundertprozentige Wahrheit wie hundertprozentigen Alkohol.« Sigmund Freud, 1856–1939, Arzt und Psychologe
(2) »Der Frevler erzielt trügerischen Gewinn, wer Gerechtigkeit sät, hat beständigen Ertrag.« Altes Testament, Sprichwörter Salomos, Kapitel 11 Vers 18
(3) »Es ist fast unmöglich, die Fackel der Wahrheit durch ein Gedränge zu tragen, ohne jemandem den Bart zu versengen.« Georg Christoph Lichtenberg, 1742–1799, deutscher Mathematiker und Schriftsteller
(4) »Und gebet volles Maß, wenn ihr messet, und wäget mit richtiger Waage; das ist durchaus vorteilhaft und letzten Endes das Beste.« Koran, Sure 17 Vers 35
(5) »Alles was du sagst, sollte wahr sein. Aber nicht alles was wahr ist, solltest du auch sagen.« Voltaire (1694–1778, französischer Schriftsteller und Philosoph)
(6) »Es ist gefährlich, anderen etwas vorzumachen, denn es endet damit, dass man sich selbst etwas vormacht.« Eleonora Duse, 1858–1924, italienische Schauspielerin

(7) »Die Strafe des Lügners ist nicht, dass ihm niemand mehr glaubt, sondern dass er selbst niemandem mehr glauben kann.« George Bernard Shaw 1856–1950, Literaturnobelpreisträger

(8) »Nach dem Maß, mit dem ihr messt und zuteilt, wird euch zugeteilt werden.« Neues Testament, Evangelium des Markus, Kapitel 4 Vers 24

(9) »O ihr, die ihr glaubt, verzehrt nicht untereinander euer Vermögen durch Betrug.« Koran, Sure 4 Vers 29

Lösungshinweise zu M 1.5:
1. Was kritisiert der Autor an dem Handeln der Kaufleute seiner Zeit?
– Luther kritisiert die freie Preisgestaltung von Kaufleuten nach dem Prinzip von Angebot und Nachfrage. Da Nachfrage aus Mangel und Not entstehe, dürfe sie nicht als Argument für Preissteigerungen dienen.

Mögliche Vertiefungsfrage:
Überlegen Sie, wofür die Menschen zu Luthers Zeit wahrscheinlich ihr Einkommen ausgegeben haben und wofür sie dies heute tun. Ist Luthers Argument, dass Nachfrage aus Not entsteht, auf unsere Zeit übertragbar?

2. Welche Vorschläge macht er?
– Kaufleute sollten keinen höheren Gewinn anstreben, als zu einer bescheidenen Lebensführung notwendig ist.
– Der Staat sollte in die Preisgestaltung eingreifen, um die beschriebenen Missstände zu beseitigen.

3. Wo greift der Staat heutzutage in die Preisgestaltung ein? Mit welchem Ziel tut er dies?
– Beispiele sind etwa die gesetzliche Begrenzung von Mietsteigerungen oder die Buchpreisbindung.

Zusatzaufgabe für Kaufleute:
Vergleichen Sie Luthers Vorschläge zur Preisgestaltung mit dem üblichen Schema der Handelskalkulation. Welche Gemeinsamkeiten gibt es, wo finden sich Unterschiede? Das übliche Kalkulationsschema berücksichtigt:
– den Einkaufspreis
– möglicherweise Rabatte und Skonti (von Lieferanten und gegenüber Kunden)
– allgemeine Kosten des Handelsbetriebs (Löhne, Miete, Energie usw.) in Form von Handlungskosten
– die angestrebte Gewinnspanne

Luthers Darstellung könnte man so deuten, dass nur ein festgelegter Unternehmerlohn (als Bestandteil der allgemeinen Handlungskosten) gedeckt sein soll, aber darüber hinaus kein erfolgsabhängiger Gewinn.

Dabei wird ausgeblendet, dass Gewinn auch wieder in das Unternehmen investiert werden kann. Der Wachstumsgedanke spielt bei Luther keine Rolle.

(mögliche Fortsetzung: Müssen Unternehmen wachsen?)

M 1.1 Rabatte

Mögliche Impulse zu M 1.1:
Wo haben Sie derartige Schilder zuletzt gesehen?
Werden Sie durch solche Schilder angesprochen?
Welche Verkaufstricks haben Sie sonst schon selbst wahrgenommen?
Glauben Sie, dass diese Tricks funktionieren? Warum?

M 1.2a Verkaufstricks im Einzelhandel

Verkaufstricks im Einzelhandel – Beispiel 1
Herr M. benötigt einen neuen Computermonitor. Seine Wahl fällt auf ein Modell, dass gerade reduziert wurde, von 490 € auf nur noch 450 €. Erfreut über dieses Schnäppchen schlägt Herr M. zu. Kurz darauf besucht er einen alten Freund in seiner Wohnung. Erstaunt stellt Herr M. fest, dass dieser den gleichen Monitor besitzt. Sein Freund erklärt ihm, dass er den Monitor vor zwei Monaten bei demselben Händler gekauft hat wie Herr M., zum damals regulären Verkaufspreis von 430 €.

Unser Name für diesen Verkaufstrick:

_____

Verkaufstricks im Einzelhandel – Beispiel 2
Herr M. kauft im Supermarkt eine Flasche seines bevorzugten Orangensafts, zum üblichen Preis. Er hat zwar noch eine Flasche davon im Kühlschrank, möchte aber für das Wochenende einen kleinen Vorrat haben. Als er das neu erworbene Getränk zuhause in den Kühlschrank neben die alte Flasche stellt, fällt sein Blick auf die Zutatenliste. Der neue Saft enthält 40 % Fruchtfleisch, auf der alten Flasche sind 50 % Fruchtfleischanteil angegeben. Außerdem steht auf der neuen Flasche in freundlichen Buchstaben: »Jetzt mit verbesserter Rezeptur!«.

Unser Name für diesen Verkaufstrick:

Verkaufstricks im Einzelhandel – Beispiel 3

Herr M. greift wie jeden Morgen zu seinem Lieblingsfrühstück, dem Schokoladenmüsli des Herstellers »Knuspergut«. Bald bemerkt er aber, dass die Packung schon so gut wie leer ist.

Verwundert betrachtet er die Packung, sie ist so groß wie immer und reichte sonst für eine ganze Woche! Im Papiermüll liegt noch die letzte Verpackung, und siehe da: Die Füllmenge beträgt statt 500 Gramm jetzt nur noch 440 Gramm. Der Preis hat sich aber nicht geändert.

Unser Name für diesen Verkaufstrick:

Verkaufstricks im Einzelhandel – Beispiel 4

Etwas gestresst steht Herr M. an der Supermarktkasse. Dabei streift sein Blick über die Regale in Kassennähe. So ein Schokoriegel wäre ja jetzt nicht schlecht, immerhin knurrt Herr M. schon seit einer Stunde der Magen. Daneben liegen Batterien im Dreierpack. Zurzeit tut es die Fernbedienung noch, aber wer weiß. Herr M. greift zu. Schließlich fällt sein Blick auf die Zigaretten. Neben ihm streitet eine Mutter mit ihrem Kind, das auch einen Schokoriegel will. Herr M. wartet genervt. Eigentlich wollte er das Rauchen ja endlich aufgeben …

Unser Name für diesen Verkaufstrick:

Verkaufstricks im Einzelhandel – Beispiel 5 
Herr M. kommt bei seinem Einkauf an dem Regal mit den Knabbereien vorbei. Ein Hersteller von Kartoffelchips bietet eine Variation seiner Snacks: Extra knusprig mit Chili, nur vorübergehend im Sortiment. »Lecker«, denkt Herr. M., »die schmecken wirklich gut!«. Die Tüte landet im Einkaufwagen. Kurz darauf fällt Herrn M. ein, woher er das weiß. Er hat sie für seine Geburtstagsparty vor einem halben Jahr schon einmal gekauft. Extra knusprig mit Chili, nur vorübergehend im Sortiment.

Unser Name für diesen Verkaufstrick:

Verkaufstricks im Einzelhandel – Beispiel 6
Bei seinem Einkauf wird Herr M. von einer älteren Dame angesprochen: »Entschuldigen Sie, könnten Sie mir vielleicht zwei Packungen von der Milch da unten geben? Ich kann mich nicht mehr so gut bücken!«. Natürlich hilft Herr M. gerne, wundert sich aber. Schließlich steht in dem ganzen Regal von oben bis unten nichts anderes als Milch, wenn auch von verschiedenen Herstellern. Doch der Blick auf das Preisschild, aus dem Stand nicht ganz so gut zu sehen, klärt ihn auf: Die Milch ganz unten ist tatsächlich die günstigste.

Unser Name für diesen Verkaufstrick:

Verkaufstricks im Einzelhandel – Beispiel 7

Herr M. eilt nach der Arbeit zu einem Elektromarkt in seiner Stadt. Dort gibt es seit gestern ein Auto-Navigationssystem von einem Markenhersteller, als Sonderangebot für 99 € statt 139 €. Nun will Herr M. zuschlagen, er möchte sich schon lange ein »Navi« anschaffen. Herr M. irrt durch die Gänge des Geschäftes, kann das Angebot aber nirgendwo finden. Auf seine Nachfrage hin erklärt ihm ein Auszubildender: »Tut mit leid, die sind schon gestern Nachmittag alle weg gewesen!«. Wie ärgerlich! Aber wo Herr M. schon mal hier ist, will er auch endlich sein »Navi« kaufen. Etwas enttäuscht greift er zu einem anderen Modell, zum regulären Preis von 119 €.

Unser Name für diesen Verkaufstrick:

Verkaufstricks im Einzelhandel – Beispiel 8

Bei seinem Einkauf kommt Herr M. am Obst- und Gemüsestand vorbei. Wie frisch das duftet! Das Obst sieht lecker aus und mit der Klimaanlage am Regal ist es scheinbar auch schön frisch geblieben. Ein Netz Orangen und drei Äpfel landen im Einkaufswagen. Zuhause gönnt sich Herr M. erst einmal einen Apfel. Er ist nicht schlecht. Aber im Geschäft roch alles irgendwie besser.

Unser Name für diesen Verkaufstrick:

Verkaufstricks im Einzelhandel – Beispiel 9

Freudig probiert Herr M. seine neueste Anschaffung aus, das Navigationssystem »Navigia XS3« für sein Auto. Schnell ist er jedoch ernüchtert: Der Touchscreen spricht nicht richtig an und das Gerät ist sehr langsam. Dabei wurde es doch mit der Testnote »Gut« der Stiftung Warentest beworben! Verärgert sucht Herr M. im Internet nach Tipps oder Hinweisen, vielleicht macht er ja etwas falsch. Die Suchmaschine zeigt in der Trefferliste einen Eintrag »Navigia Test Gut«. Mit einem Mausklick kommt Herr M. auf das ausführliche Testergebnis des »Navigia XS2« vom letzten Jahr.

Unser Name für diesen Verkaufstrick:

_____

Aufgabe für die Gruppenarbeit
1. Lesen Sie die Beispiele aufmerksam!
2. Überlegen Sie, auf welchen Verkaufstrick Herr M. jeweils hereingefallen ist! Sie sollen Ihren Mitschülern später in eigenen Worten erklären, was in diesen Beispielen passiert ist!
3. Wie könnte man diese Verkaufstricks mit wenigen Worten nennen? Überlegen Sie sich je einen einprägsamen Namen für den Verkaufstrick und notieren Sie ihn **groß und gut lesbar** auf der Karte!

M 1.2b

Der Kunde wird belogen

Der Kunde wird nicht belogen

M 1.3 Beim Einkauf stets jeden Cent im Blick

LÜDENSCHEID – Der Appetit auf Blumenkohl ist Carsten Brinkmann beim Einkaufen vergangen. »So ein kleines Ding reicht niemals für vier Personen und außerdem sind 1,99 Euro viel zu teuer. Das sprengt unser Budget.« Brinkmann ist einer der neun Einrichtungsleiter des Caritasverbandes Altena-Lüdenscheid, die gestern ein außergewöhnliches Experiment starteten: Kochen mit Hartz-IV-Budget stand in der katholischen Familienbildungsstätte auf dem Programm.

Vor dem Einkauf – natürlich im Discounter – mussten die Beteiligten mit spitzer Feder rechnen: Einem Ehepaar, das Hartz-IV bekommt und zwei Kinder im Alter zwischen 14 und 17 Jahren hat, steht rein rechnerisch für den Posten »Nahrung, Getränke und Tabakwaren« täglich ein Betrag in Höhe von 15,46 Euro zur Verfügung. Nach der Kalkulation des Caritas-Teams bleiben für ein Mittagessen der vierköpfigen Familie nicht mehr als maximal 7,20 Euro übrig.

In drei Gruppen ziehen die Caritas-Leiter los, um für jeweils drei verschiedene Hartz-IV-Menüs einzukaufen. Carsten Brinkmann, Sabine Röhrbein und Thomas Becker stellen schnell fest, dass zu Bratwurst und Kartoffeln kein Blumenkohl aufgetischt wird. Zum Glück findet Sabine Röhrbein eine Alternative: Broccoli, der kostet pro Kilo 1,58 Euro. Immer wieder rechnen die Einkäufer nach, ob das Geld noch reicht – schließlich soll auch noch ein einfacher Nachtisch, selbst gekochter Vanillepudding – drin sein. Und tatsächlich gelingt es: Zum Preis von 6,41 Euro steht schließlich ein schmackhaftes Essen auf dem Tisch. Die Kartoffeln reichen sogar für eine zweite Mahlzeit. Auch die anderen Gruppen sind erfolgreich – obwohl alle Rezepte leicht abgeändert werden müssen, weil zum Beispiel das Geld für Salat nicht mehr ausreicht und statt Schattenmorellen gibt es die günstigeren Pflaumen zum Vanilleeis.

Das Fazit des Caritas-Teams: Es ist durchaus möglich, mit Hartz-IV-Budget zu kochen – allerdings kostet das viel Zeit. Eine genaue Wochenplanung ist ebenso wie das Rechnen während des Einkaufs unbedingt notwendig, und ohne hauswirtschaftliches Wissen geht es auch nicht. […]

Quelle: Carla Witt: http://www.come-on.de/nachrichten/maerkischer-kreis/luedenscheid/luedenscheid-beim-einkauf-stets-jeden-cent-blick-655881.html (20.10.2012)

Aufgabe für die Gruppenarbeit
Stellen Sie sich vor, Sie sind ein Mitarbeiter der Caritas. Nach dem beschriebenen Einkaufsexperiment möchten Sie nun eine Liste mit Tipps erstellen, welche Menschen, die mit wenig Geld auskommen müssen, beim Einkauf hilft. Erstellen Sie auf einer DIN-A4-Seite eine Merkliste mit der Überschrift: »Günstig einkaufen – Worauf man achten sollte«. Beziehen Sie dabei auch Ihr Wissen über die Verkaufstricks im Einzelhandel und Ihre eigenen Ideen mit ein!

Info:
Die *Caritas* (lat. Nächstenliebe) ist ein Wohlfahrtsverband der römisch-katholischen Kirche. Der Verband leistet soziale Arbeit in vielen Bereichen und ist auch an internationalen Hilfsprojekten beteiligt. Die *Caritas* ist einer der größten privaten Arbeitgeber in Deutschland. Ein vergleichbarer Verband der Evangelischen Kirche Deutschlands ist die *Diakonie*.

M 1.4 Zitate zum Thema Wahrheit und Lüge

(1) »Es gibt ebensowenig hundertprozentige Wahrheit wie hundertprozentigen Alkohol.«

(2) »Der Frevler erzielt trügerischen Gewinn, wer Gerechtigkeit sät, hat beständigen Ertrag.«

(3) »Es ist fast unmöglich, die Fackel der Wahrheit durch ein Gedränge zu tragen, ohne jemandem den Bart zu versengen.«

(4) »Und gebet volles Maß, wenn ihr messet, und wäget mit richtiger Waage; das ist durchaus vorteilhaft und letzten Endes das Beste.«

(5) »Alles was du sagst, sollte wahr sein. Aber nicht alles was wahr ist, solltest du auch sagen.«

(6) »Es ist gefährlich, anderen etwas vorzumachen, denn es endet damit, dass man sich selbst etwas vormacht.«

(7) »Die Strafe des Lügners ist nicht, dass ihm niemand mehr glaubt, sondern dass er selbst niemandem mehr glauben kann.«

(8) »Nach dem Maß, mit dem ihr messt und zuteilt, wird euch zugeteilt werden.«

(9) »O ihr, die ihr glaubt, verzehrt nicht untereinander euer Vermögen durch Betrug.«

Aufgaben zu den Zitaten zu Wahrheit und Lüge

1. Einige dieser Zitate stammen aus religiösen Überlieferungen. Um welche Zitate könnte es sich dabei handeln? Begründen Sie Ihre Vermutung!
2. Wählen Sie drei Zitate aus und überlegen Sie, wie man diese Aussagen auf die Arbeitswelt von Kaufleuten übertragen könnte! Nennen Sie mögliche Beispiele!
3. Stellen Sie sich vor, Sie haben nach langer Suche einen Ausbildungsplatz bei einem großen Einzelhandelsunternehmen bekommen. Im Laufe Ihrer Ausbildung bekommen Sie mit, dass viele der zuvor beschriebenen Verkaufstricks auch in Ihrem Unternehmen angewendet werden, um den Umsatz zu steigern. Wie könnten Sie reagieren?

M 1.5a Martin Luther: Von Kaufshandlung und Wucher

Das kann man aber nicht leugnen, dass Kaufen und Verkaufen ein notwendig Ding ist, das man nicht entbehren und gut christlich brauchen kann, besonders in den Dingen, die zum täglichen Bedarf und in Ehren dienen. Wir wollen hier von Missbrauch und Sünden des Kaufhandels reden, soweit es das Gewissen betrifft.

Erstens haben die Kaufleute unter sich eine allgemeine Regel, das ist ihr Hauptspruch und Grund aller Wucherkniffe: Ich darf meine Ware so teuer geben, wie ich kann. Das halten sie für ein Recht […]. Was ist das denn anderes gesagt als soviel: Ich frage nichts nach meinem Nächsten? Hätte ich nur meinen Gewinn und Geiz voll, was geht's mich an, dass es meinem Nächsten zehn Schaden auf einmal täte?

Denn wo das Schalksauge und der Geizwanst hier gewahr wird, dass man seine Ware haben muss, oder dass der Käufer arm ist und seiner bedarf, da macht er's sich zu Nutzen und Gewinn. Da sieht er nicht auf den Wert der Ware oder auf den Dienst für seine Mühe und Gefahr, sondern schlechtweg auf die Not und das Darben seines Nächsten, nicht um denen abzuhelfen, sondern um diese zu seinem Gewinn zu gebrauchen, seine Ware zu steigern[1], die er sonst wohl ungesteigert ließe, wo der Nächsten Not nicht da wäre. Und so muss durch seinen Geiz die Ware soviel mehr kosten, wie viel mehr der Nächste größere Not leidet, so dass des Nächsten Not zugleich der Ware Einschätzung und Wert sein muss. Sage mir, heißt das nicht unchristlich und unmenschlich gehandelt?

Es sollte nicht so heißen: Ich darf meine Ware so teuer geben, wie ich kann oder will, sondern so: Ich darf meine Ware so teuer geben, wie ich soll, oder wie es recht und billig ist. Denn dein Verkaufen soll nicht ein Werk sein, das frei in deiner Macht und Willen ohne alles Gesetz und Maß steht, als wärest du ein Gott, der niemand verbunden wäre.

Sondern weil solches dein Verkaufen ein Werk ist, das du gegen deinen Nächsten übst, soll es durch solch ein Gesetz und Gewissen begrenzt sein, dass du es ohne Schaden und Nachteil deines Nächsten übst. Doch, dass wir nicht ganz dazu schweigen, wäre die beste und sicherste Weise, dass die weltliche Obrigkeit hier vernünftige, redliche Leute einsetze und verordne, die alle Ware mit ihren Kosten überschlüge und danach das Maß und Ziel festsetzen, was sie gelten sollten, dass der Kaufmann zurechtkommen und seine ausreichende Nahrung davon haben könnte. Darum musst du dir vornehmen, nichts als deine ausreichende Nahrung in solchem Handel zu suchen, danach Kosten, Mühe, Arbeit und Gefahr rechnen und überschlagen, und alsdann die Ware selbst festsetzen, steigern oder erniedrigen, auf dass du solcher Arbeit und Mühe Lohn habest. […]

Text aus dem Jahr 1524, in: Martin Luther, Luther Deutsch. Die Werke Martin Luthers in neuer Auswahl für die Gegenwart, hg. von Kurt Aland, Bd. 7: Der Christ in der Welt, 4. Aufl. 1991, S. 263–283; hier S. 264 ff.

[1] gemeint ist der Preis der Ware

Aufgaben zum Text
1. Was kritisiert Luther an dem Handeln der Kaufleute seiner Zeit?
2. Welche Vorschläge macht er?
3. Wo greift der Staat heutzutage in die Preisgestaltung ein? Mit welchem Ziel tut er dies?

M 1.5b Von Kaufshandlung und Wucher

Zusatzaufgabe für Kaufleute:
Vergleichen Sie Luthers Vorschläge zur Preisgestaltung mit dem üblichen Schema der Handelskalkulation. Welche Gemeinsamkeiten gibt es, wo finden sich Unterschiede?

Marktszene 1313, © Roger Mayrock, Kempten

»Soviel du brauchst?« – Zur Frage der gerechten Entlohnung

Idee und Ziele

Was ist soziale Gerechtigkeit? Diese Frage ist nach wie vor brennend aktuell. Nicht nur Politiker und Wirtschaftsvertreter, sondern auch die Kirchen in Deutschland melden sich zu diesem Thema immer wieder öffentlich zu Wort. Für den Einzelnen macht sie sich zunächst und ganz unmittelbar am Einkommen fest, sei es in Form von Gehalt, Lohn oder Transfereinkommen. Darauf soll hier der Blick gerichtet werden.

Dieses Modul soll Ansätze liefern, das Thema Einkommen im Unterricht unter ethischen Gesichtspunkten zu betrachten. Die Bausteine können dabei auch einzeln oder in variabler Reihenfolge verwendet werden. Die Schüler erhalten dabei einen Überblick über die Einkommensunterschiede in Deutschland, fragen nach deren Berechtigung und den Aspekten einer gerechten Entlohnung. Sie setzen sich mit geschlechtsspezifischer Einkommensungerechtigkeit auseinander und den Argumenten für und gegen einen gesetzlichen Mindestlohn.

Die Schüler reflektieren schließlich anhand der Idee des Bedingungslosen Grundeinkommens die Bedeutung von Einkommen und Arbeit für ihre Lebensplanung. Falls explizite religiöse Bezüge gewollt sind, kann die Beschäftigung mit zwei kurzen Bibeltexten die Reihe abschließen.

Dauer insgesamt
8–10 Unterrichtsstunden

Materialbedarf
Kopierer, Folien, OHP

Verlauf und Hinweise

Das Material M 2.1 soll einen Überblick über die Einkommensunterschiede verschiedener Berufe liefern und zur Diskussion darüber anregen, wie diese begründet und ob sie zu rechtfertigen sind. Der Arbeitsauftrag M 2.1a und die Karten M 2.1b sollten dabei in Gruppen bearbeitet werden, die Karten können zur Diskussion der Schülerergebnisse als Folien für den OHP vorbereitet werden. Dabei kann die Folie M 2.1c als Unterlage dienen. Es sollte dann jedoch mit eingebracht werden, dass hier individuelle Einkommen und Haushaltseinkommen miteinander in Beziehung gesetzt werden, die Übersicht also nur für Haushalte mit einem Arbeitnehmereinkommen Gültigkeit besitzt.

M 2.2 kann zur Darstellung der gängigen Aspekte verwendet werden, nach denen Lohnhöhen festgesetzt werden. Diese spielen beispielsweise bei der Einordnung von Tätigkeiten in tarifliche Lohngruppen eine Rolle. In ethischer Hinsicht verdienen die sozialen Aspekte der Entlohnung besondere Aufmerksamkeit. Die Schüler können in einer Vertiefungsphase (eventuell auch arbeitsteilig) beispielhaft begründen, warum diese bei der Festlegung von Lohnhöhen beachtet werden sollten. Es ist auch möglich, die Lerngruppe die Aspekte selbst erarbeiten und auf Karten festhalten zu lassen. Diese können dann nach dem Muster von M 2.2 geclustert werden.

Der Beitrag M 2.3 beschäftigt sich mit dem Problem der geschlechtsspezifischen Einkommensungerechtigkeit. Das Thema kann auch direkt nach M 2.1 behandelt werden (»Warum wurde in den Beispielen nur das Einkommen von Männern betrachtet?«). Der ausgewählte Text stellt dabei nur einen möglichen Erklärungsansatz dar. Das Thema kann auch zu einer Diskussion über die Zukunftspläne von Schülern anregen.

Der Text M 2.4 stellt beispielhaft die Diskussion um die Einführung eines allgemeinen Mindestlohns dar. Hierzu bietet sich methodisch eine Pro/Contra-Diskussion an. Die unter dem Text dargestellten Aufgaben können diese vorbereiten oder auch für sich bearbeitet werden, falls eine Diskussionsrunde nicht durchführbar sein sollte.

M 2.5 thematisiert in zwei Texten die Idee des *Bedingungslosen Grundeinkommens*. Obwohl es eher unwahrscheinlich ist, dass dieser Ansatz in Deutschland politisch durchgesetzt werden wird, kann die Diskussion darüber durchaus wichtige Aspekte des Themas Lohngerechtigkeit vertiefen. Auch können die Schüler dazu angeregt werden zu durchdenken, welche Bedeutung der Arbeit in ihrem Leben, abgesehen von der Entlohnung, noch zukommen kann. Die Aufgaben dazu können auch in Partnerarbeit behandelt werden. Um die Diskussion anzuregen, stammen die ausgewählten Texte bewusst von Befürwortern des Bedingungslosen Grundeinkommens, da die Lernenden diese erfahrungsgemäß zunächst in großer Mehrheit als »naiv« ablehnen.

M 2.6 wirft anhand eines Interviews mit einem Unternehmensberater die Fragen auf, welche Belastungen auch Spitzenverdiener im Berufsleben erleben und ob es überhaupt sinnvoll sein kann, zeitweise oder dauerhaft nur für seine Arbeit zu leben.

M 2.7 lädt abschließend zur Betrachtung von zwei Bibelstellen ein, die Sinn und Unsinn von Geld und Gewinn zum Thema haben.

Lösungshinweise zu den Aufgaben
Lösungshinweis zu M 2.1:

	Beruf	Ungefähres monatliches Brutto-Durchschnittseinkommen (2012)
1.	Rechtsanwalt	4.573 Euro
2.	Chemiker	4.514 Euro
3.	Elektroingenieur	4.342 Euro
4.	Arzt	4.295 Euro
5.	Steuerberater	4.295 Euro
6.	Bankkaufmann	2.983 Euro
7.	Architekt	2.965 Euro
8.	Dachdecker	2.892 Euro
Durchschnittliches Haushaltseinkommen 2012: ca. 2.700 € brutto		
9.	Schlosser	2.610 Euro
10.	Erzieher/Kindergärtner	2.359 Euro
11.	Einzelhandelskaufmann	2.174 Euro
12.	Altenpfleger	2.145 Euro
13.	Lagerarbeiter	1.946 Euro
14.	Bäcker	1.803 Euro
15.	Koch	1.728 Euro
16.	Reinigungskraft	1.702 Euro
17.	Wachmann	1.657 Euro
18.	Frisör	1.468 Euro

Quelle. http://www.stern.de/wirtschaft/job/gehaelter-im-vergleich-das-verdienen-die-deutschen-1803581.html (in Berufung auf www.lohnspiegel.de). 10.03.2012.

Zur weiteren Diskussion
- »Halten Sie diese Einkommensunterschiede für gerecht? Aus welchen Gründen?«

Lösung zu M 2.2:

Gesichtspunkte einer gerechten Entlohnung

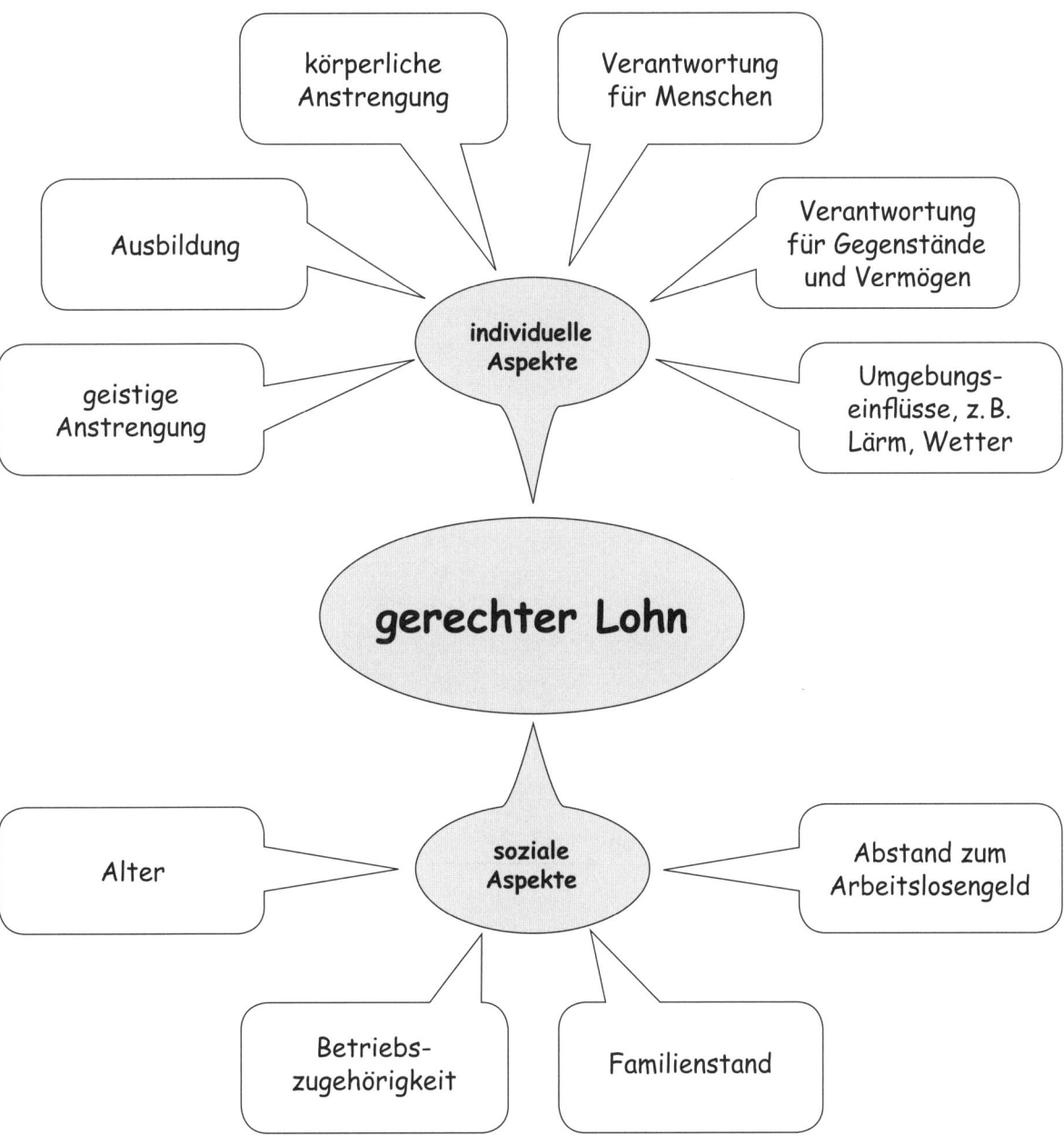

Zur weiteren Diskussion
- »Warum sollen die vier genannten sozialen Aspekte bei der Entlohnung eine Rolle spielen?«

Lösungshinweise zu M 2.3:

Erklären Sie in eigenen Worten, warum Frauen oftmals schlechter bezahlt werden als Männer!

Vorschlag für ein Tafelbild

Einkommensbenachteiligung von Frauen – eine mögliche Erklärung

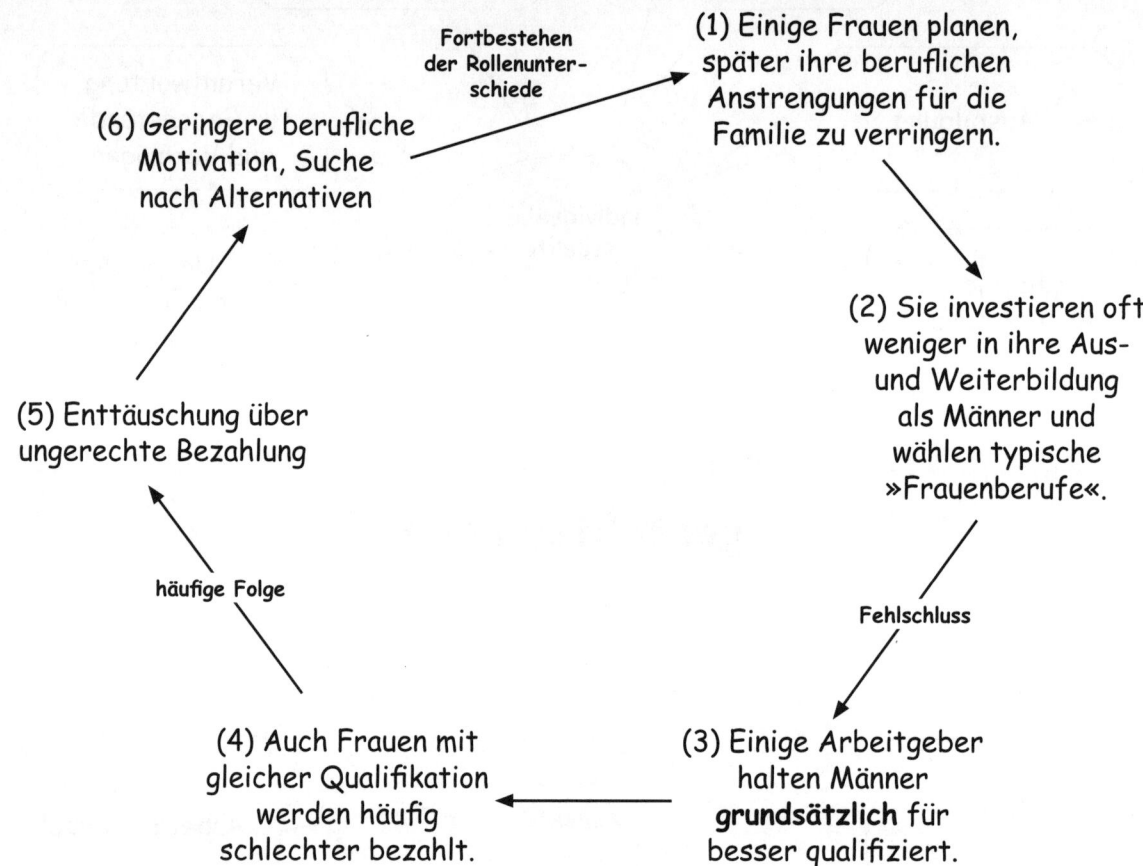

Zur weiteren Diskussion:
- Welche Verantwortung für diese Situation haben Arbeitgeber, Arbeitnehmer und der Staat? Was kann getan werden, um diese Benachteiligung abzubauen?
- Wie stellen Sie sich Ihre Zukunft vor? Wie wichtig ist dabei der Beruf? Haben Frauen und Männer hier unterschiedliche Vorstellungen?

Lösungshinweise zu M 2.4:

1) Stellen Sie die Argumente für und gegen die Einführung eines Mindestlohns in einer tabellarischen Übersicht gegenüber!

Pro	Contra
Ein Abrutschen der Löhne wird verhindert.	Die Tarifautonomie wird geschwächt.
Die untere Grenze einer »gerechten« Bezahlung wird konkret festgelegt.	Als allgemeinverbindlich erklärte Tarifabschlüsse setzen praktisch heute schon bestimmte branchenbezogene Mindestlöhne fest.
»Lohndrückerei« kann bis zu einem gewissen Maß beseitigt werden.	Mindestlöhne alleine reichen nicht aus, um Armut zu bekämpfen.
Wettbewerbsvorteile von Unternehmen auf der Basis von Lohndumping können verhindert werden.	In einigen europäischen Ländern mit Mindestlöhnen leben mehr Menschen in Armut als in Deutschland.
Trägt der Würde des Arbeitenden Rechnung, weil er von seinem Lohn leben kann.	In wenig produktiven Bereichen können Arbeitsplätze wegfallen.
Eine dauerhafte Abhängigkeit von staatlichen Hilfen [z. B. »Aufstocker«] ist unwürdig.	In einigen Bereichen könnte generell nur noch der Mindestlohn gezahlt werden.
Ein Bezugspunkt für Bezahlungen im Niedriglohnbereich vereinfacht Lohnverhandlungen.	Viele Tätigkeiten würden in den Bereich der Schwarzarbeit abgedrängt.
In keinem EU-Land hat die Einführung eines Mindestlohns zum Wegfall von Arbeitsplätzen geführt.	

2) Welchen Stundenlohn würden Sie für einen gerechten Mindestlohn halten? Diskutieren Sie mit Ihrem Nachbarn!
- Individuelle Schülerantwort

3) Welches monatliche Nettoeinkommen würde sich daraus für einen ledigen Arbeitnehmer in etwa ergeben?
- grobe Schätzung: Bei etwa 250 Arbeitstagen in Deutschland pro Jahr und 8 Std. täglicher Arbeitszeit würde sich aus einem Mindestlohn von 8,50 € pro Stunde ein monatliches Bruttoeinkommen von gut 1.400 € ergeben. Dies entspricht für ledige Arbeitnehmer einem Nettoeinkommen von ungefähr 1.000 €.

4) Glauben Sie, dass man von diesem Lohn »gut« leben kann? Begründen Sie!
- Individuelle Schülerantwort

Lösungshinweise zu M 2.5:
Auch heute erhalten viele Menschen finanzielle Hilfen und Leistungen über den Staat (vgl. Text »Was ist das Bedingungslose Grundeinkommen«, Z. 34).

a) Welche Sozialleistungen kennen Sie?
Wichtige Transfereinkommen sind z. B.
- Unterhalt durch nicht arbeitende Familienangehörige
- Rente/Pension
- Arbeitslosengeld
- Bafög
- Kindergeld
- Elterngeld
- Wohngeld

b) Sind diese Leistungen nach Ihrem Empfinden gerecht?
- Individuelle Schülerantwort

1) Stellen Sie sich vor, in Deutschland würde ab sofort ein Bedingungsloses Grundeinkommen von 1.000 € pro Monat gesetzlich eingeführt:

a) Würden sich dadurch Ihre persönlichen Zukunftspläne ändern?
- Individuelle Schülerantwort

b) Welche Gründe kann es geben, trotz eines gesicherten Grundeinkommens noch einer Arbeit nachzugehen?
- Individuelle Schülerantwort

Zur weiteren Diskussion:
- Was bedeutet für Sie »eine würdevolle Teilhabe am gesellschaftlichen Leben«? (M4(1), Z. 4–5).
- Was ist dazu, außer einem bestimmten Einkommen, noch nötig?
- Derzeit lehnt die große Mehrheit der politisch Verantwortlichen in Deutschland das Bedingungslose Grundeinkommen ab. Überlegen Sie, welche Argumente gegen dieses Modell sprechen!

Gängige Argumente *gegen* das Bedingungslose Grundeinkommen:
- Es könnte zur Untätigkeit verleiten, der materielle Anreiz zur Aufnahme einer Arbeit sinkt.
- Es könnten sich nicht mehr genug Menschen finden, um niedrig entlohnte und besonders unangenehme Arbeiten auszuführen.
- Es würden auch Menschen mit gutem Einkommen profitieren, die das BGE nicht brauchen.
- Das BGE würde nur den Interessen einer gesellschaftlichen Minderheit dienen.
- Tatsächliche Armutsursachen, wie z. B. Bildungsungerechtigkeit, würden nicht bekämpft.
- Transferleistungen ohne Orientierung an der Bedürftigkeit widersprechen dem Sozialprinzip.

Lösungshinweise zu M 2.6:
2) Welche Belastungen erfährt Ingo bei seiner Arbeit?
- sehr lange Arbeitszeiten bis spät abends, Schlafmangel

3) Warum übt er diesen Beruf dennoch aus?
- Die Möglichkeit Neues zu Lernen, Spaß an der Arbeit, persönliche Weiterentwicklung, Anerkennung von Kollegen. Geld ist für ihn der Ausgleich für die langen Arbeitszeiten und gibt ein »Stück Freiheit«

4) Könnten Sie sich ein derartiges Berufsleben vorstellen? Begründen Sie!
- Individuelle Schülerantworten

5) Ingo sagt, er könne sich auch vorstellen, umsonst zu arbeiten, wenn er im Lotto gewinnen würde. (Z. 62–64). Könnten Sie sich das auch vorstellen? Welche Gründe könnte es dafür, außer »Langeweile«, noch geben?
- Individuelle Schülerantworten

Lösungshinweise zu M 2.7:
- Individuelle Schülerantworten

M 2.1a Wer verdient wie viel in Deutschland?

Aufgabe für die Gruppenarbeit:
Sortieren Sie die Berufe auf den Karten nach dem von Ihnen geschätzten Einkommen!

Um die Einkommen besser vergleichen zu können, gilt für alle Beispiele:
- Es geht um das Bruttoeinkommen.
- Die Angestellten haben zehn Jahre Berufserfahrung.
- Sie arbeiten in einem mittelgroßen Betrieb in Westdeutschland.
- Es handelt sich in allen Fällen um Männer.

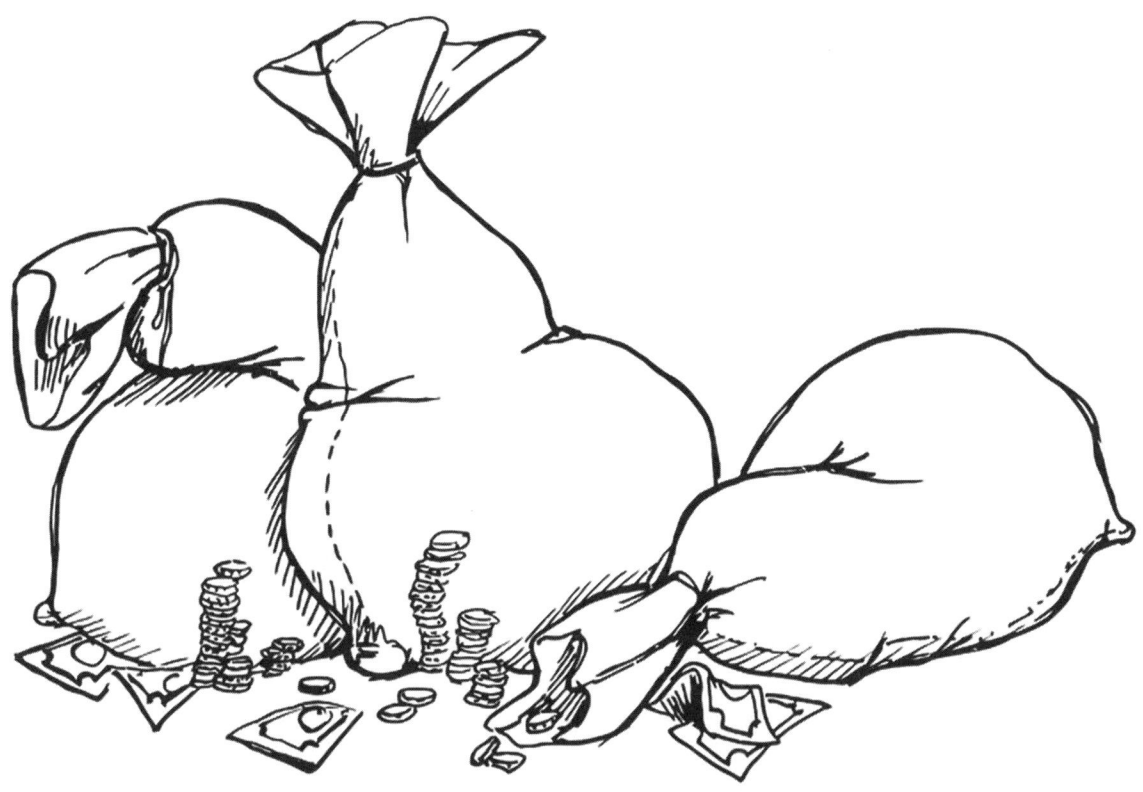

»Soviel du brauchst?« – Zur Frage der gerechten Entlohnung | 25

M 2.1b

Dachdecker	Lagerarbeiter
Einzelhandelskaufmann	Chemiker
Kindergärtner	Reinigungskraft
Elektroingenieur	Arzt
Bäcker	Steuerberater
Altenpfleger	Bankkaufmann
Rechtsanwalt	Architekt
Wachmann	Koch
Frisör	Schlosser

M 2.1c Die Einkommensschere

 Durchschnittliches Haushaltseinkommen 2012: ca. **2.700 €** brutto

M 2.2 Gesichtspunkte einer gerechten Entlohnung

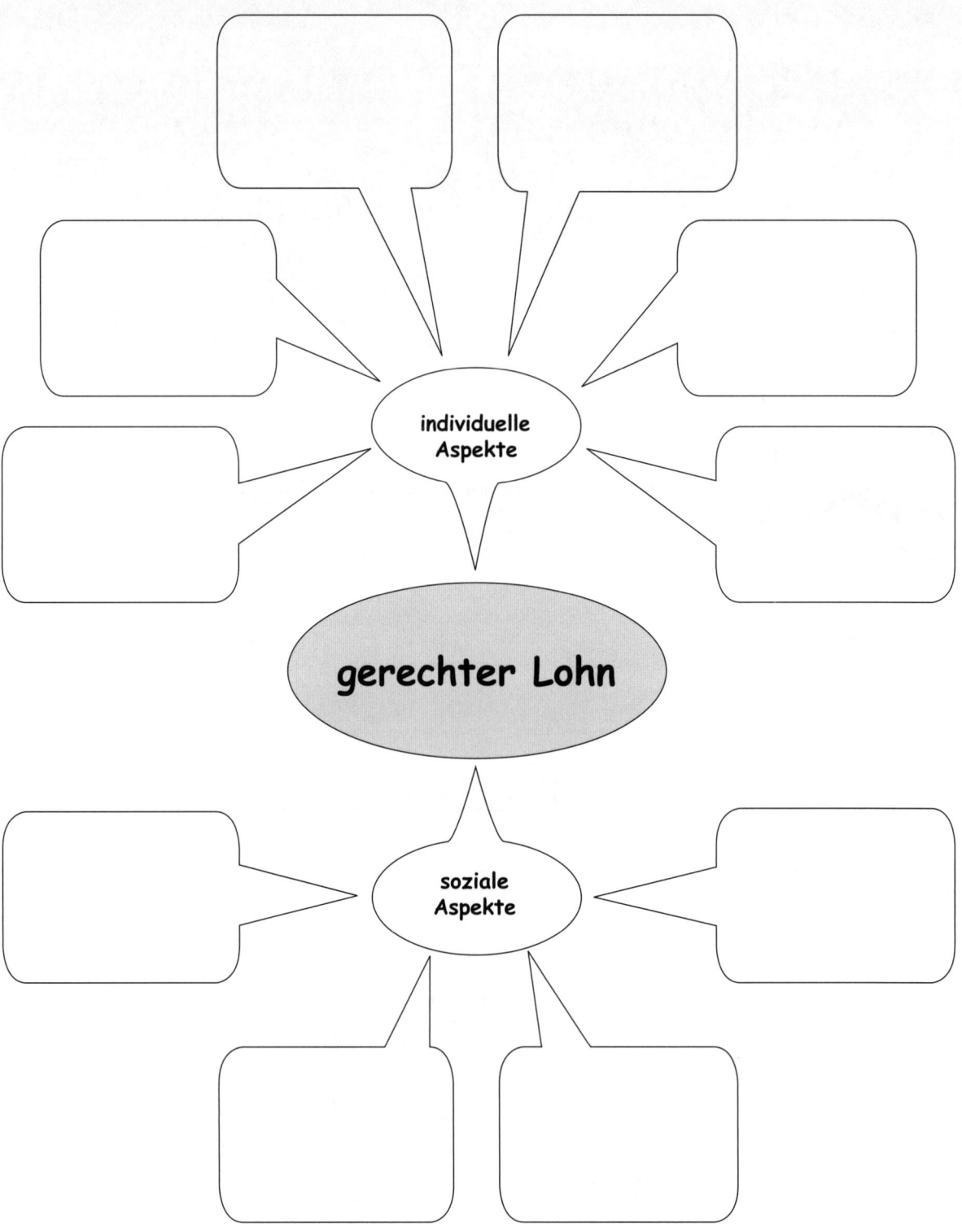

M 2.3 Lohn-Kluft für Frauen

Hamburg – Es ist eine sehr umfangreiche Studie und das Ergebnis ist erschütternd: Obwohl es als gesellschaftlicher Konsens angesehen werden kann, dass Frauen und Männer gleich viel verdienen sollten, ist die Realität quer durch die Republik eine andere. Trotz steigender Qualifikationen werden Frauen im Berufsleben – und vor allem bei der Entlohnung – noch immer eklatant benachteiligt. Viele Chefs verteilen das Gehalt nach Geschlecht.

Das Wirtschafts- und Sozialwissenschaftliche Institut (WSI) der gewerkschaftsnahen Hans-Böckler-Stiftung hat diesen Missstand nun detailliert untersucht. […]

Schon beim Einstieg ins Berufsleben sind Frauen deutlich schlechter gestellt als Männer. Ihr Einkommen liegt in den ersten drei Berufsjahren im Schnitt 18,7 Prozent unter dem ihrer männlichen Kollegen.

Die Lohnungleichheit steigt mit den Berufsjahren sogar noch an: In der Gruppe der Angestellten mit vier bis zehn Jahren Berufserfahrung wächst der Abstand auf 21,8 Prozent.

Im Westen ist der Einkommensunterschied größer als im Osten.

Die Lohn-Kluft zieht sich durch alle Branchen.

Je größer der Betrieb ist, desto größer ist der absolute Einkommensrückstand weiblicher Berufsanfänger. […]

Die WSI-Analyse ist mehr als eine Faktenerhebung. Auch die Ursachen der deutschen Lohn-Kluft werden darin detailliert untersucht. Das Ergebnis: Das Ungleichgewicht der Einkommen ist die Folge tiefverwurzelter gesellschaftlicher Entwicklungen, die über Jahrzehnte hinweg ein Wertesystem geformt haben, das Frauen von Grund auf benachteiligt.

Die Benachteiligung von Frauen basiert der Studie zufolge nur zum Teil auf objektiv messbaren Fakten. »Der geschlechtsspezifische Einkommensrückstand lässt sich weder durch unterschiedliche Bildungsvoraussetzungen noch durch eine spezifische Berufswahl vollständig erklären«, sagte Projektleiter Reinhard Bispinck […]. »Die Ergebnisse verweisen vielmehr auf das Fortbestehen geschlechtsspezifischer Lohndiskriminierung«. […]

Unter anderem werden ökonomische Erklärungsansätze angeführt, denen zufolge es auf dem Arbeitsmarkt eine Art Selbstselektionsprozess gibt, der dazu führt, dass bestimmte Frauen und Männer bestimmte Berufe ergreifen. Einige Frauen investieren demnach weniger in ihre Ausbildung als Männer, unter anderem, weil sie spätere familiäre Verpflichtungen antizipieren. Nach dieser Theorie richten sich manche weibliche Angestellte darauf ein, ihre Tätigkeit zu unterbrechen, um Kinder zu bekommen, während Männer stärker auf eine kontinuierliche Erwerbsbiografie ausgerichtet sind und entsprechend mehr in ihre Qualifizierung investieren.

In der Folge gehen diesem Erkläransatz zufolge viele Unternehmen davon aus, dass Männer auf Tätigkeiten, die umfangreiche Ausbildung oder größere Berufserfahrung erfordern, besser vorbereitet sind. […] Dieses Denkmuster führt dazu, dass Frauen auch bei gleicher Qualifikation und Produktivität nicht zu gleichen Konditionen wie Männer eingestellt und beschäftigt werden. […]

Klar sei dagegen, dass die Einstellungs- und Beförderungspolitik der Unternehmen direkte Auswirkungen auf den Jobmarkt habe. Sie setze einen sich selbst verstärkenden gesellschaftlichen Prozess in Gang, bei dem der Arbeitsmarkt in Frauen- und Männerdomänen zerfalle. Da vor allem die prestigeträchtigen Berufe von Männern dominiert werden, wird Frauenjobs letztlich ein geringerer Status zugeschrieben. Frauen werden also als unqualifizierter eingestuft, weil die Frauendomänen des Arbeitsmarkts im gesellschaftlichen Wertesystem einen geringeren Status haben.

Solche Statuszuschreibungen erschweren aus Sicht vieler Experten die Aufstiegschancen von Frauen. Weil Männern ein höherer Status zugeschrieben wird, bekommen sie öfter hochbezahlte und hierarchisch höherstehende Positionen zugewiesen. Das aber zementiert die diffuse Vorstellung von einer Art »männlicher Höherwertigkeit« nur noch weiter – wodurch noch weniger Frauen befördert werden. […]

SPIEGEL ONLINE, Stefan Schultz, 1.10.2009 www.spiegel.de/wirtschaft/soziales/lohn-kluft-warum-die-arbeitswelt-frauen-benachteiligt-a-652531.html (13.05.2013)

Selektion: Auswahl
antizipieren: vorwegnehmen; *wirtschaftlich:* im Voraus zahlen
kontinuierlich: lückenlos, fortlaufend
Domäne: Arbeitsbereich, Herrschaftsgebiet
Prestige: Ansehen, Geltung
hierarchisch: die Rangordnung betreffend
diffus: unklar, ungenau

Aufgabe
Erklären Sie in eigenen Worten, warum Frauen oftmals schlechter bezahlt werden als Männer!

M 2.4 Pro und Contra Mindestlöhne

Der Niedriglohnsektor ist kein gesonderter Lebensbereich am Rande der Arbeitsgesellschaft. Er steht für eine von manchen erwünschte, von anderen abgelehnte Entwicklung der Erwerbstätigkeit selbst – mit Löhnen, die kaum den Einzelnen, geschweige denn Kinder und Familie ernähren, mit Flexibilisierung und Zeitarbeit.

Aber auch mit der Chance, gering Qualifizierte, die lange arbeitslos waren, wieder in die Arbeitsgesellschaft einzugliedern. Strukturen, Institutionen, Anforderungen, Anreize und alltägliche Arbeitsbedingungen müssen deshalb auch in diesem Bereich so geordnet werden, dass möglichst viele Menschen »tatsächlich in der Lage sind, ihre jeweiligen Begabungen sowohl zu erkennen, als auch sie auszubilden und schließlich produktiv für sich selbst und andere einsetzen zu können.« So hat es die Denkschrift des Rates der EKD »Gerechte Teilhabe« formuliert, die vor allem Investitionen in Bildung und eine aktive Arbeitsmarktpolitik fordert, damit Menschen befähigt werden, ihr eigenes Leben aktiv zu gestalten. Die Fähigkeiten jedes Einzelnen sollen »zur möglichst eigenverantwortlichen Sicherung des Lebensunterhalts und im Interesse aller solidarisch« eingesetzt werden, heißt es in diesem Text, der warnt, der Niedriglohnsektor dürfe »kein Bereich werden, in dem Arbeitnehmerinnen und Arbeitnehmer durch eine sich stets nach unten bewegende Lohnspirale ausgebeutet werden.« Die Denkschrift kommt zu der Auffassung, es sollte »in einem reichen Land wie Deutschland« Ziel sein, diesen Sektor »so klein wie möglich zu halten«. 1 Sie sieht allerdings im Interesse der Teilhabe aller – auch der gering Qualifizierten – keine Alternative zur Beschäftigungsförderung von gering bezahlten Arbeitsplätzen.

Das Ziel der gerechten Teilhabe wird ausdrücklich auch in der EKD-Denkschrift »Unternehmerisches Handeln in evangelischer Perspektive« (2008) bestätigt. Dabei macht die Denkschrift auf die besondere Verantwortung der Unternehmer und Manager aufmerksam: »Unternehmer haben in diesem Rahmen eine wichtige gestaltende Rolle. Von ihrem Handeln hängt die Umsetzung möglichst großer Chancen für alle wesentlich ab.« Die Notwendigkeit, im Sinne einer sozialen und nachhaltigen Marktwirtschaft gesellschaftlichen Reichtum zu nutzen, um Wohlstand für alle zu schaffen, hat auch die Synode der EKD bei ihrer Tagung 2006 in Würzburg betont. Damit reagierte sie auch auf die Tatsache, dass zu diesem Zeitpunkt etwa ein Fünftel aller abhängig Beschäftigten in Deutschland im Niedriglohnsektor arbeiteten, wobei dieser Sektor seit 1995 um 45 % gestiegen war. Etwa 4,8 Millionen Beschäftigte erhielten einen Stundenlohn von weniger als 7,50 Euro. Zwar hat es im Aufschwung der Jahre 2006 bis 2008 an dieser Stelle Verbesserungen gegeben; angesichts der Wirtschaftskrise zeichnet sich inzwischen aber ein wachsender Druck auf den Arbeitsmarkt ab, der die Arbeitslosigkeit erhöhen und die Lage der Menschen in prekären Beschäftigungsverhältnissen weiter erschweren wird.

Wert und Würde der menschlichen Arbeit sind in allen christlichen Traditionen wichtige Elemente der Sozialethik. Im Protestantismus hat Arbeit – und zwar im Prinzip jede Arbeit – darüber hinaus eine besondere Bedeutung als »Gottesdienst im Alltag der Welt«, in dem sich die Berufung des Einzelnen durch Gott als Dienst am Nächsten realisiert. Arbeit ist deswegen mehr als eine Ware und kann nicht nur der Logik von Warenmärkten unterliegen. Arbeitsmärkte müssen so gestaltet sein, dass die Würde der Arbeit zum Tragen kommt, zumindest aber nicht beschädigt wird.

[…] In diesen Zusammenhängen ist in den letzten Jahren die Forderung nach Mindestlöhnen entstanden, die staatlich festgesetzt werden sollten, um in jedem Fall ein Abrutschen der Löhne zu verhindern und eine untere Grenze einer »gerechten« – wobei natürlich immer offen bleiben muss, was dies im Einzelnen genau bedeutet – Bezahlung zu fixieren. Ein entsprechend ruinöser Wettbewerb auf Kosten der Löhne könne, so argumentieren die Befürworter, auf diese Weise begrenzt und »Lohndrückerei« bis zu einem gewissen Maß beseitigt werden. […] Allerdings engagieren sich besonders diejenigen Gewerkschaften, die im Bereich von Dienstleistungen operieren, für diese Forderung, während sich andere, die ihren Schwerpunkt im klassisch industriellen Bereich haben, eher zurückhalten, weil sie als Folge der Einführung von staatlich geregelten Löhnen eine Schwächung der Tarifautonomie befürchten. Von Arbeitgebern werden Mindestlöhne dann für wirksam gehalten, um Wettbewerbsvorteile von Konkurrenten auf der Basis von Lohndumping zu verhindern.

[...] Klar ist, dass ein Mindestlohn deutlich höher als der Regelsatz nach SGB II angesetzt sein muss, damit es einen Anreiz zum bezahlten Arbeiten gibt. Ein Mindestlohn in dieser Höhe läge zudem knapp über der Armutsgrenze. Hier wird in Anschlag gebracht, dass es zur Würde eines jeden Arbeitenden gehört, dass ein jeder vom dem, was er verdient, wenn auch auf einem bescheidenen Niveau, leben können müsste. [...]

Sowohl die evangelische Sozialethik als auch die katholische Soziallehre betonen die große Bedeutung, die die Mitarbeit in der Schöpfung Gottes für die Menschen hat und stellen zugleich die Verpflichtung zur Arbeit heraus. Jeder Arbeiter ist seines Lohnes wert (1. Tim 5,18). Von der Würde der Arbeitenden her gedacht, ist prinzipiell eine Abhängigkeit von staatlichen Transfereinkommen nur vorübergehend in Kauf zu nehmen. [...] Auf jeden Fall ist aber daran fest zuhalten, dass die sozialethisch geforderte Integration in Arbeit der Menschen im Interesse der Sicherung ihrer Teilhabe nicht die Übernahme jeder beliebigen Tätigkeit zu allen möglichen Bedingungen bedeuten kann, sondern Arbeitsbedingungen und Entlohnung allgemein anerkannten Maßstäben guter Arbeit entsprechen müssen.

In einigen Branchen wie im Baugewerbe oder in der Gebäudereinigung ist es gelungen, durch eine Allgemeinverbindlichkeitserklärung von vorhandenen Tarifabschlüssen zu branchenbezogenen Mindestlöhnen zu kommen. Auf diese Weise konnte ein unterbietender Wettbewerb verhindert werden. Die Frage, ob es darüber hinaus einen generellen Mindestlohn für alle Bereiche der Wirtschaft geben soll, ist umstritten. Seine Befürworter haben vor allem das Argument auf ihrer Seite, dass damit einem Abrutschen der Löhne gewehrt werden könnte, was insbesondere in den Bereichen verbreitet ist, wo staatliches »Aufstocken« einen Mindest-Nettolohn garantiert und extrem niedrige Brutto-Löhne zulässt.

Zudem wäre – so wird argumentiert – mit dem Mindestlohn ein verlässlicher unterer Bezugspunkt fixiert, der die Lohnfindung im Niedriglohnbereich pragmatisch gesehen erheblich erleichtern würde. Ein Vorteil könnte zudem sein, dass die Lohngestaltung in den Unternehmen auf diese Weise von den betreffenden Arbeitnehmern insgesamt als fair akzeptiert werden kann. [...]

Die Befürworter können zudem auf durchaus erfolgreiche Praktiken in den meisten europäischen Ländern verweisen. Insgesamt 20 der 28 EU-Mitgliedsländer haben einen Mindestlohn. In keinem Fall konnte bestätigt werden, dass die Einführung dieses Instruments zum Wegfall von Arbeitsplätzen geführt hat. Allerdings machen diese Beispiele auch deutlich, dass Mindestlöhne allein keineswegs ein Mittel gegen Armutsentwicklungen sind: Einige europäische Länder verfügen zwar über Mindestlöhne, auch oberhalb dessen, was in Deutschland diskutiert wird, weisen aber höhere Armutsraten auf als Deutschland.

Gegen die Einführung eines Mindestlohnes steht die verbreitete Befürchtung, dass er zum Wegfall von Arbeitsplätzen in weniger produktiven Bereichen führt – insbesondere im Osten Deutschlands. [...] Auch die Befürchtung, dass in einigen Bereichen generell nur noch der Mindestlohn gezahlt bzw. refinanziert werden würde, wird geäußert. [...] Eine weitere Folge könnte das vermehrte Ausweichen vieler Tätigkeiten in den Bereich der Schwarzarbeit sein. Dienstleistungen in Haushalt, Handwerk und Pflege werden schon jetzt in hohem Maße informell erbracht. Auch grenzüberschreitende Angebote spielen dabei eine große Rolle. [...]

Quelle: Pro und Contra Mindestlöhne – Gerechtigkeit bei der Lohngestaltung im Niedriglohnsektor. Eine Argumentationshilfe der Kammer der EKD für soziale Ordnung, EKD-Texte 102, 2009. (gekürzt)

Aufgaben zum Text
1. Stellen Sie die Argumente für und gegen die Einführung eines Mindestlohns in einer tabellarischen Übersicht gegenüber!
2. Welchen Stundenlohn würden Sie für einen gerechten Mindestlohn halten? Diskutieren Sie mit Ihrem Nachbarn!
3. Welches monatliche Nettoeinkommen würde sich daraus für einen ledigen Arbeitnehmer in etwa ergeben?
4. Glauben Sie, dass man von diesem Lohn »gut« leben kann? Begründen Sie!

M 2.5a Was ist das bedingungslose Grundeinkommen?

[...] Die Idee ist einfach: Jeder Mensch, der dauerhaft in Deutschland lebt, bekommt monatlich vom Staat einen pauschalen Geldbetrag zur Verfügung gestellt. Dieser Betrag ist so bemessen, dass er kein Leben in Luxus, aber die Befriedigung der Grundbedürfnisse und eine würdevolle Teilhabe am gesellschaftlichen Leben ermöglicht. Dieses Grundeinkommen stellt einen individuellen Rechtsanspruch dar. Es ist weder an Bedürftigkeit noch an irgendwelche Verpflichtungen geknüpft. Unabhängig davon, ob Sie weiteres Einkommen oder Vermögen haben, unabhängig von Ihrer Arbeitsleistung und Ihrer Arbeitsbereitschaft erhalten Sie es immer in der gleichen Höhe wie alle anderen. Es ist Ihre sichere Lebensbasis, zu der Sie sich im Rahmen Ihrer Möglichkeiten beliebig viel »dazuverdienen« können.

So ändert sich auch die Bewertung von Arbeit fundamental: Während in manchen Bereichen Löhne sinken könnten, muss für unangenehme Tätigkeiten gegebenenfalls mehr Geld geboten werden als heute. Und wer soll das bezahlen? Wir alle, über Steuern. Durch die Einführung eines Grundeinkommens wird nicht jeder von uns mehr Geld in der Tasche haben. Mehr Einkommen bedeutet es für die, die heute wenig haben. Weil das Grundeinkommen jedem bedingungslos zusteht, ersetzt es nicht nur viele der heute bestehenden 155 Sozialleistungen, sondern bietet auch die Chance für eine gründliche Vereinfachung unseres komplizierten Steuerrechts. [...]

Es lässt sich heute so viel produzieren wie nie zuvor – mit immer weniger menschlicher Arbeit. Und schon heute leben nur etwa 4 von 10 Menschen in Deutschland von ihrem eigenen Erwerbseinkommen. 6 von 10 Menschen leben von Transfereinkommen [...] Bei dieser Aussicht ist es kein Wunder, dass viele Erwerbstätige alles tun, um ihren Arbeitsplatz zu behalten. So werden Menschen erpressbar und wehren sich nicht dagegen, dass Arbeitnehmerrechte in vielen Bereichen nur noch auf dem Papier bestehen und Tarifverträge durch unbezahlte Überstunden faktisch außer Kraft gesetzt werden. Wer aufmuckt, riskiert seinen Job, und Hartz IV ist nicht weit. Tätigkeiten, die niemand bezahlen mag oder kann, die aber für unsere Gesellschaft trotzdem wichtig wären, bleiben indes liegen – während Erwerbstätige Überstunden schieben und keine Zeit für Familie oder bürgerschaftliches Engagement finden. Erwerbslose wiederum müssen sinnlose Bewerbungen schreiben, um nicht gegen die Hartz IV-Auflagen zu verstoßen. Das hält sie von sinnvollen Tätigkeiten ab und treibt sie oftmals in die Resignation. [...] Wir produzieren weit mehr, als wir alle zum Leben brauchen. Wir können es uns leisten, jedem und jeder eine materielle Lebensgrundlage zu garantieren, bedingungslos. [...]

Quelle: http://www.grundeinkommen-hamburg.de/grundeinkommen/was_ist_grundeinkommen.php (12.03.2013)

Transfereinkommen: Einkommen, für das keine Gegenleistung erbracht wird

Aufgabe
Auch heute erhalten viele Menschen finanzielle Hilfen und Leistungen über den Staat.
a) Welche Sozialleistungen kennen Sie?
b) Sind diese Leistungen nach Ihrem Empfinden gerecht?

M 2.5b Warum brauchen wir das bedingungslose Grundeinkommen?

Durch den technischen Fortschritt sind wir heute in der Lage, alle benötigten Güter und Dienstleistungen zu erstellen. Die Bedrohung durch Armut, ein Anachronismus angesichts des heutigen, so nie da gewesenen Reichtums, wird durch das Grundeinkommen für alle abgeschafft. [...] Die Freiheit eines jeden Menschen, sein Leben eigenverantwortlich zu gestalten, wird durch das Grundeinkommen gestärkt.

Bislang unbezahlte Tätigkeiten werden finanziell abgesichert. Auch die Unternehmen gewinnen: Ihre Mitarbeiterinnen und Mitarbeiter sind besser zur Leistung im Sinne ihres Unternehmens motiviert, denn sie können ja wesentlich freier entscheiden, ob sie gerade diese Arbeit leisten wollen. Bei Unternehmensneugründungen kann mehr Mut zum Risiko aufgebracht werden, denn die Existenz- und Teilhabesicherung ist gegeben. Das Grundeinkommen stabilisiert die Kaufkraft und kann somit Konjunkturschwankungen abfedern. [...]

Zur Finanzierung des Grundeinkommens gibt es sehr unterschiedliche Vorschläge, von der Einkommensteuer auf der einen Seite bis hin zu einer alleinigen Mehrwertsteuer auf der anderen [...]. Im Kern muss jedes Grundeinkommen aus der durch die Wirtschaft erbrachten Wertschöpfung und damit aus dem gesamten Volkseinkommen finanziert werden. Deshalb ist die entscheidende Frage zur Finanzierbarkeit die Frage nach den Folgen des Grundeinkommens für die Wertschöpfung, also für Anreize zur Erwerbsarbeit, zur Ausbildung und zum unternehmerischen Engagement [...]. Bei einem ausreichend hohen Volkseinkommen ist auch die Finanzierung des Grundeinkommens gesichert. [...]

Quelle: https://www.grundeinkommen.de/ (12.03.2013)

Anachronismus: Etwas nicht mehr zeitgemäßes, »überholtes«

Konjunktur: Schwankungen in der Wirtschaft eines Landes, z. B. bei Preisen und Beschäftigung

Wertschöpfung: Die Verarbeitung von Gütern (z. B. Stoffen) zu anderen Gütern mit einem höheren Wert (z. B. Kleidung)

Aufgabe
Stellen Sie sich vor, in Deutschland würde ab sofort ein Bedingungsloses Grundeinkommen von 1.000 € pro Monat gesetzlich eingeführt:
a) Würden sich dadurch Ihre persönlichen Zukunftspläne ändern?
b) Welche Gründe kann es geben, trotz eines gesicherten Grundeinkommens noch einer Arbeit nachzugehen?

Info:
Das *Netzwerk Grundeinkommen* ist ein Zusammenschluss von Menschen und Organisationen, die für die Einführung eines Bedingungslosen Grundeinkommens in Deutschland eintreten. Die Organisation versucht u. a. durch Öffentlichkeitsarbeit und wissenschaftliche Diskussionen für diese Idee zu werben. Das deutschlandweite Netzwerk verbindet auch verschiedene lokale Initiativen, wie etwa das *Hamburger Netzwerk Grundeinkommen*. Auch in vielen anderen Ländern gibt es vergleichbare Organisationen.

M 2.6 »Ich bekomme quasi Schmerzensgeld«

Ingo, 28, arbeitet sehr viel, weil er gerade Karriere als Unternehmensberater macht. Zu Hause ist er fast nur noch am Wochenende, den Rest der Zeit verbringt er an unterschiedlichen Einsatzorten in Europa.

Können wir sprechen? Hast du Zeit?
Ich sitze im Taxi, aber frag ruhig.
Wo bist du gerade?
In Amsterdam. Ich berate eine Bank.
Gestern Abend hat das Interview nicht geklappt, weil du noch beschäftigt warst. Ist es normal, dass du so lange arbeitest?
Ich fange morgens um neun an, wenn es gut läuft, bin ich um acht abends fertig. Aber es kann auch mal bis zehn oder halb zwölf gehen.
Macht es dich nicht fertig, so viel zu arbeiten?
Du musst eben gewisse Ruhezeiten einhalten. Es schadet auf Dauer einfach deinem Körper, wenn du zu wenig schläfst. Ich merke dann immer, dass meine Produktivität nachlässt. Sport ist sehr wichtig, und man muss in den Urlaub fahren, um sich wieder aufzuladen.
Bist du schon mal an deine Grenzen gekommen?
Ich habe mal 36 Stunden durchgearbeitet. Danach ging aber gar nix mehr.
Beneiden oder bemitleiden dich deine Freunde um dein Leben?
Es gibt welche, die mich um das viele Reisen beneiden. Andere bemitleiden mich, weil sie sich nicht vorstellen können, so viel zu arbeiten. Und dann gibt es auch noch die, die dem ganzen kapitalistischen System argwöhnisch gegenüberstehen und ein grundsätzliches Problem mit Unternehmensberatern haben.
Warum tust du dir das eigentlich an? Geht es dir nur ums Geld?

Der Sinn der Arbeit ist nicht Geld. Geld ist quasi Schmerzensgeld. Wenn du jeden Tag zwölf oder 14 Stunden diese Arbeit machst, willst du einfach nicht wenig verdienen. Das Wichtigste ist, dass ich etwas lerne und Spaß dabei habe. Wenn ich mich persönlich weiterentwickle und von den Kollegen geschätzt werde, gibt mir das eine Befriedigung.
Wie viel verdienst du denn?
Das kommt auf meinen Bonus an. Mein Fixgehalt im Jahr sind 63000 Euro.
Was machst du damit? Du kannst es ja gar nicht ausgeben, so wenig Zeit, wie du hast.
Ich reise gerne. Ich lege es an und spare es. Ich werde mir bestimmt irgendwann eine Wohnung kaufen, und wenn ich mal eine Familie gründe, habe ich Startkapital. Das Geld gibt mir ein Stück Freiheit. Ich könnte jeden Moment sagen, ich höre jetzt einfach ein Jahr auf zu arbeiten.
Apropos, wie lange willst du denn eigentlich noch arbeiten?
Ich kann mir schon vorstellen, mein ganzes Leben lang zu arbeiten, bis es eben nicht mehr geht. Die Frage ist, für was und für wen ich arbeiten will. Moment, ich muss mal eben den Taxifahrer bezahlen. (Rumpeln im Hintergrund, Stimmen: How much is it? 27, please!)
Um deinen Punkt noch mal aufzugreifen …
Ja?
… irgendwann gründe ich vielleicht ein eigenes Unternehmen. Wenn ich im Lotto gewinnen würde, könnte ich mir aber auch vorstellen, ganz gratis zu arbeiten, zum Beispiel für eine soziale Organisation. Ich müsste was machen, sonst würde mir langweilig werden.

Dieser Artikel kommt aus dem fluter-Heft »Engagement«
www.fluter.de (01.05.2013)

Aufgaben zum Text
1. Lesen Sie das Interview in verteilten Rollen!
2. Welche Belastungen erfährt Ingo bei seiner Arbeit?
3. Warum übt er diesen Beruf dennoch aus?
4. Könnten Sie sich ein derartiges Berufsleben vorstellen? Begründen Sie!
5. Ingo sagt, er könne sich auch vorstellen, umsonst zu arbeiten, wenn er im Lotto gewinnen würde. Könnten Sie sich das auch vorstellen? Welche Gründe könnte es dafür, außer »Langeweile«, noch geben?

M 2.7 Was sagt die Bibel? – Zwei Beispiele

In den heiligen Schriften der großen Religionen, besonders auch in der Bibel, finden sich viele Aussprüche zum Thema Gerechtigkeit und Geld. Der folgende Ausschnitt aus dem Alten Testament ist vermutlich im Jahr 300 v. Chr. entstanden, die Verse aus dem Neuen Testament zwischen den Jahren 40 und 100 n. Chr.

Wer das Geld liebt, bekommt vom Geld nie genug; wer den Luxus liebt, hat nie genug Einnahmen – auch das ist Windhauch. Mehrt sich das Vermögen, so mehren sich auch die, die es verzehren. Was für ein Erfolg bleibt dem Besitzer? Seine Augen dürfen zusehen. Süß ist der Schlaf des Arbeiters, ob er wenig oder viel zu essen hat. Dem Reichen raubt sein voller Bauch die Ruhe des Schlafs. […] Dies ist etwas, was ich eingesehen habe: Das vollkommene Glück besteht darin, dass jemand isst und trinkt und das Glück kennen lernt durch seinen eigenen Besitz, für den er sich unter der Sonne anstrengt während der wenigen Tage seines Lebens, die Gott ihm geschenkt hat. Denn das ist sein Anteil. Altes Testament, Prediger Kapitel 5, Vers 9–17	Nun zu euch, die ihr sagt: »Heute oder morgen wollen wir in diese oder jene Stadt reisen. Wir wollen ein Jahr dort bleiben, Geschäfte machen und Gewinne erzielen!«. Ihr wisst doch gar nicht, was der morgige Tag bringen wird. Was ist denn euer Leben? Ein Dampfwölkchen, das für kurze Zeit sichtbar ist und gleich wieder vergeht. Sagt stattdessen lieber: »Wenn der Herr es will, werden wir am Leben bleiben und dies und jenes tun.« Neues Testament, Jakobus Kapitel 4, Vers 13–15

Aufgaben
1. Versuchen Sie, die Aussagen der beiden Textstellen in Ihren eigenen Worten wiederzugeben!
2. Welche Gemeinsamkeiten sehen Sie zwischen den beiden Texten?

»Bitte lächeln!« – Wie sehr darf ich im Beruf ich selbst sein?

Idee und Ziele

Im beruflichen Umfeld wird von Praktikanten, Auszubildenden und Angestellten fast ausnahmslos ein offenes und freundliches Auftreten verlangt. Dies ist natürlich nicht unberechtigt, gerade wenn es um Kundenkontakte geht. Dennoch kann es zu inneren und auch äußeren Konflikten kommen, wenn die eigene Befindlichkeit nicht immer positiv ist und es Mühe bereitet, das professionelle Auftreten aufrechtzuerhalten oder gar erst herzustellen. Dabei geht es auch um die Frage nach der eigenen Identität zwischen Selbstwahrnehmung und äußeren Rollenerwartungen.

Die Schüler sollen sich mit diesem Themenbereich auseinandersetzen, indem sie die Grundemotionen des Menschen nach Ekman kennen lernen und verschiedenen Gesichtsausdrücken zuordnen können. Sie durchdenken die negativen Folgen von nicht aufrichtigem Auftreten für die eigene Person kennen und hinterfragen die im Berufsleben oft vorgebrachte Forderung nach ständiger Freundlichkeit. Die Lernenden reflektieren äußere und innere Merkmale ihrer Persönlichkeit und setzen sich mit der Frage auseinander, wie sehr sie sich selbst für ihren Beruf verstellen würden.

Dauer

4–6 Unterrichtsstunden

Materialbedarf

Overheadprojektor, Kopien, Folienstifte, eventuell PC mit Internetanschluss und Beamer (nur für die Ergänzungsaufgabe)

Verlauf und Hinweise

Die Projektion der Abbildung **M 3.1** bestimmt das Thema *Mimik und Emotionen* als Ausgangspunkt der Unterrichtseinheit. Die abgebildeten Emoticons sind den Schülern wahrscheinlich (zumindest teilweise) aus der Kommunikation mittel SMS, Email oder Internetchat bekannt. Durch Impulsfragen lässt sich die Verbindung der dargestellten Zeichen zur tatsächlichen Mimik des Menschen im Plenum reflektieren.

Durch das Arbeitsblatt **M 3.2** lernen die Schüler die sieben Grundemotionen des Menschen und die zugehörigen Mimiken nach Ekman spielerisch kennen. Im Gespräch über die Einordnungen kann eventuell auf **M 3.1** zurückgegriffen werden (»Welche dieser Emotionen lassen sich durch Emoticons darstellen/nicht darstellen?«).

Das Bild **M 3.3** rückt nun in den Fokus, dass innere Emotion und äußere Mimik nicht übereinstimmen müssen, Menschen können sich verstellen. Bei der Frage nach den Gründen hierzu kann in der Gesprächsführung zunehmend auf den beruflichen Kontext hingearbeitet werden.

Der Text **M 3.4a** bietet ein einfaches Beispiel hierzu. Das Arbeitsblatt **M 3.4b** kann zur schriftlichen Auseinandersetzung in Einzelarbeit eingesetzt werden, alternativ kann die beschriebene Situation, wie auch bei M5, im Unterrichtsgespräch analysiert werden.

Das Material **M 3.5** verdeutlicht die negativen körperlichen und seelischen Folgen des *Sich-verstellens* im Beruf. Die Zusatzaufgabe kann von schnellen Schülern einzeln bearbeitet werden, oder aber (je nach Interesse und Zeitplanung) Ausgangspunkt für eine eigene Unterrichtsstunde sein.

Der Text **M 3.6** kann bei Bedarf und Zeit als Gegenpol zu **M 3.5** eingebracht werden. Es stellt wissenschaftliche Untersuchungen vor, nach denen äußeres Lachen und Lächeln positive Rückwirkungen auf Gesundheit und Wohlbefinden haben. Im Vergleich mit **M 3.5** soll es dabei weniger um eine Pro/Contra-Auseinandersetzung gehen, als um die Diskussion einer möglichen ausgewogenen Haltung zum Thema.

Die Aufgabe **M 3.7** soll die Schüler dazu anregen, weitere innere und äußere Merkmale ihrer Persönlichkeit zu reflektieren. Je nach technischen Möglichkeiten kann das Material auch auf Plakatgröße vergrößert werden, die Schüler können es dann in Gruppen bearbeiten und ihre gemeinsamen Lösungen der Klasse präsentieren. Im Falle der Einzelarbeit kann das Arbeitsblatt zur Besprechung auf OHP-Folie kopiert und die Ergebnisse schriftlich gesammelt werden. Persönlichkeitsmerkmale, die den Schülern besonders wichtig sind, können farblich markiert werden. Für das gemeinsame Gespräch hierüber sollte genügend Zeit eingeplant werden, verschiedene Schwerpunkte sind denkbar. Je nach Lebenssituation der Lernenden könnte etwa auch die Frage behandelt werden, welche Berufe für bestimmte Persönlichkeiten geeignet/nicht geeignet sein könnten.

Eine spielerische **Ergänzungsaufgabe** kann bei entsprechender technischen Ausstattung zu verschiedenen Zeitpunkten eingebracht werden: Unter dem Internetlink http://www.bbc.co.uk/science/humanbody/ mind/surveys/smiles/ kann anhand kurzer Videoclips die eigene Fähigkeit geprüft werden, ein »falsches« Lächeln von einem »echten« zu unterscheiden. Hier können die Schüler z. B. in Gruppen gegeneinander antreten. Die Webseite ist in englischer Sprache, eventuell sind ein paar Übersetzungen für die Lerngruppe notwendig.

Lösungshinweise zu den Aufgaben
Lösung zu M 3.2:

Gesichtsausdruck:	Gefühl:
1	*Angst*
2	*Überraschung*
3	*Wut*
4	*Freude*
5	*Traurigkeit*
6	*Ekel*
7	*Verachtung*

Lösungshinweise zu M 3.4:
(1) Beschreiben Sie in eigenen Worten das Problem von *Kurfuerstendamm*!
- soll den Kunden gegenüber immer freundliche sein, schafft es aber nicht immer
- spricht dann mit gekünstelter Stimme, verstellt sich
- kann nur lachen, wenn ihm ein Kunde wirklich sympathisch ist
- denkt auf der Arbeit oft an private Probleme

(2) Welche Ratschläge geben die anderen Teilnehmer des Internetforums?
- Man lernt mit der Zeit sich zu verstellen, es wird bald besser gelingen.
- Man soll bei der Arbeit an etwas Lustiges oder Positives denken.

(3) Waren Sie in Ihrem Beruf oder in einem Job schon einmal in einer ähnlichen Situation? Falls ja: Beschreiben Sie kurz, was Ihnen passiert ist!
- Individuelle Schülerantworten

Lösungshinweise zu M 3.5:
(1) Der Psychologe Dieter Zapf erforscht so genannte »Emotionsarbeit«. Welche Berufe könnte man Ihrer Einschätzung nach hierzu zählen? Nennen Sie Beispiele!

- Beschäftigte im Handel/Verkäufer (Z. 31 f.)
- Außerdem z. B. Flugbegleiter, Kellner, Telefonisten in Call-Centern,
- Kranken- und Altenpfleger, Sekretäre

(2) Wenn man im Beruf kontinuierlich gute Laune zeigen soll, kann dies negative Folgen haben.

a) Welche Folgen werden im Text genannt?
- Depressionen, Bluthochdruck, Herz-Kreislauf-Probleme (Z. 5)
- Der Humor geht verloren. (Z. 18 f.)

b) Welche Folgen können noch auftreten? Überlegen Sie!
- z. B. beruflicher Misserfolg, »innere Kündigung«, nur noch Dienst nach Vorschrift, hoher Krankenstand, Erschöpfung, depressive Phasen, Lustlosigkeit, Angst vor dem Aufstehen, Flucht in Alkohol oder Medikamente

Zusatzaufgaben:
(1) Die Sprecherin von H&M sagt »echte Freundlichkeit entsteht vor allem dann, wenn unsere Angestellten Spaß an ihrer Arbeit haben«. Was kann ein Unternehmen dafür tun? Sammeln Sie Ideen!
- Individuelle Schülerantworten

(2) Welche Wirkungen hat Lachen und Lächeln nach diesen Untersuchungen?
- regt das Immunsystem an, die Krankheitsabwehr wird verstärkt
- hilft gegen Schmerzen
- Pulsschlag und subjektives Stressempfinden sinken

(3) Beschreiben Sie in eigenen Worten die Methode, mit denen die Wissenschaftler dies herausgefunden haben.
- Individuelle Schülerantworten

(4) Ist es demnach also doch in Ordnung, wenn man im Beruf dazu angehalten wird, sich zu verstellen? Vergleichen Sie die Aussagen des Textes mit **M 3.5**!
– Individuelle Schülerantworten

Lösungshinweise zu M 3.6:
(1) Schreiben Sie **um die Figur** herum Stichworte dazu auf, die Ihre Persönlichkeit *äußerlich* ausmachen!
– Kleidung, Frisur,
– Schmuck, Piercings, Tätowierungen
– (…)

(2) Schreiben Sie *in die Figur* Stichworte dazu, was Ihre Persönlichkeit *innerlich* ausmacht!

– Gefühle, Stimmung,
– Meinung über Kollegen, den Betrieb, den Chef
– Freundschaften
– Familie
– Beziehung, Sexualität
– Interessen, Hobbys
– politische Ansichten
– Religion
– (…)

(3) Klammern Sie anschließend die Stichworte ein, die Sie bereit wären, für Ihren Beruf zu verbergen oder zu verändern!
– Individuelle Schülerantworten

M 3.1 »Emoticons«

8-)   :-o   :-*

:-P   :->   =)

:-]   :-(:o)

:-D   ;-)   :-/

Mögliche Impulse zu M 3.1:
- Was sollen diese Zeichen bedeuten? (eventuell Folie drehen!)
- Kennen Sie noch andere Emoticons? (Die Schüler können eigene Beispiele an der Tafel anzeichnen, die anderen Schüler versuchen die Bedeutung zu benennen)
- Wie kann es sein, dass sich Gefühle mit so wenigen Strichen darstellen lassen?
- Welche Gefühle lassen sich auf diese Art **nicht** darstellen?

M 3.2 Die sieben Grundemotionen des Menschen

Der US-amerikanischer Psychologe Paul Ekman (*1934) hat sich in seinen Forschungen mit den Gesichtsausdrücken von Menschen beschäftigt. Dabei hat er festgestellt, dass verschiedene Emotionen bei allen Menschen durch die gleichen Mimiken ausgedrückt werden, unabhängig von ihrer kulturellen Herkunft.

Aufgabe für die Partnerarbeit:
Welches Gefühl könnte zu den folgenden Gesichtsausdrücken passen? Probieren Sie aus!

	Gesichtsausdruck:	Welches Gefühl passt dazu?
1	– hochgezogene Augenbrauen – aufgerissene Augen – leicht hochgezogene Nase – seitlich auseinander gezogene Lippen	
2	– hochgezogene Augenbrauen – aufgerissene Augen – leicht geöffneter Mund	
3	– zusammengezogene Augenbrauen – zusammengekniffene Augen – zusammengepresster Mund	
4	– entspannte Stirn und Augenbrauen – Lachfältchen – hochgezogene Mundwinkel	
5	– hängende Oberlieder – starrer Blick – heruntergezogene Mundwinkel	
6	– gesenkte Augenbrauen – gerümpfte Nase – hochgezogene Oberlippe	
7	– herunterhängende Oberlieder – starrer Blick – geschlossener Mund – einseitig hochgezogener Mundwinkel	

M 3.3 Maske

© fotovika – Fotolia.com

Mögliche Impulse zu M 3.3:
- Was könnte in der jungen Frau auf dem Bild vorgehen?
- Wie würde sie wirken, wenn sie eine der Masken tragen würde?
- Was könnten die Maske symbolisieren?
- Haben Sie in Ihrem Leben schon eine »Maske« getragen? In welchen Situationen?

M 3.4a Lachen von Berufs wegen – mir fällt das so schwer!

Aus einem Internetforum:
Frage von Kurfuerstendamm 26.07.2010
Ich bin seit zwei Wochen Verkäufer in einem Fastfood-Restaurant und soll mich den Kunden gegenüber natürlich immer sehr freundlich verhalten. Aber ich schaffe das einfach nicht immer – höflich auf jeden fall, ich werde nie ausfallend oder schnippisch. Aber ich kann einfach nicht jeden Kunden mit einem breiten Grinsen auf den Lippen empfangen, so als ob er mein bester Freund wäre. Ich schaffe es jetzt mittlerweile schon (so wie die anderen) so eine gekünstelte Säuselstimme an den Tag zu legen, die klingt wirklich immer super nett, motiviert usw., aber mein Gesicht bleibt dabei meistens neutral.

Wenn mir ein Kunde wirklich sympathisch ist oder etwas Lustiges passiert, dann lache ich sehr wohl und das ist dann auch nicht gestellt, sondern ganz natürlich. Aber wenn mir grade nicht danach ist, dann kann ich höchstens künstlich lachen, was dann (meiner Meinung nach) nicht echt aussieht.

Es ist auch so, dass ich im Moment viel mit mir herumtrage und ich auch während der Arbeit oft daran denke (und ja, ich versuch das ja auch abzuschalten, aber es ist einfach meistens nicht möglich). Ich hab jetzt schon probiert, einfach trotzdem ganz künstlich zu lachen und musste dann kurzfristig wirklich lachen, weil ich es witzig fand, dass die Kunden das anscheinend gar nicht bemerkt haben. Vielleicht kann ich das ausbauen, dazu brauch ich aber mehr Zeit, aber meine Chefin macht mir so Druck.

Antwort von Plumbum
Das lernt man. Wenn man z. B. beruflich den ganzen Tag telefoniert oder angerufen wird, muss man den ganzen Tag, auch nachts um 2 Uhr, freundlich sein.

Antwort von FcBayern3
Vielleicht sieht man dir das gekünstelte an (wofür du ja auch keine Schuld trägst).

Vielleicht denkst du an etwas, das dich zum Lachen bringt oder an etwas Positives zum lächeln (wäre jetzt meine Idee). Wenn ich was essen gehe, in diversen Fastfood-Ketten, schauen die Verkäufer meistens nur genervt aus, von daher schön, dass du dich anstrengst :)

Antwort von marilda
Es fällt dir schwer, aber du merkst selbst, dass es dir immer besser gelingt ...

http://www.gutefrage.net/frage/lachen-von-berufs-wegen-mir-faellt-das-so-schwer (03.10.2012. Rechtschreibung korrigiert.)

M 3.4b Lachen von Berufs wegen – mir fällt das so schwer!

Aufgaben zum Text

1. Beschreiben Sie in eigenen Worten das Problem von *Kurfuerstendamm*!

2. Welche Ratschläge geben die anderen Teilnehmer des Internetforums?

3. Waren Sie in Ihrem Beruf oder in einem Job schon einmal in einer ähnlichen Situation?
   Falls ja: Beschreiben Sie kurz, was Ihnen passiert ist!

»Bitte lächeln!« – Wie sehr darf ich im Beruf ich selbst sein? | 43

M 3.5a Wenn verordnetes Dauerlächeln krank macht

Lächeln ist eine ernste Angelegenheit: Wer beruflich dauernd gute Laune zeigen soll, kann im äußersten Fall durch eine Art »verordnete Fröhlichkeit« sogar seine Gesundheit schädigen. Das Krankheitsspektrum kann von Depressionen über Bluthochdruck bis zu Herz-Kreislauf-Problemen reichen. Zu diesem Ergebnis kommt eine Expertengruppe um den Frankfurter Arbeits- und Organisationspsychologen Dieter Zapf, die »Emotionsarbeit« in mehreren laufenden Studienprojekten erforscht. »Diese Art von Arbeit bezeichnet alle Berufe, in denen Menschen Gefühle zeigen und regulieren müssen«, sagt der Professor. »Belastend wird das dann, wenn sie ständig Gefühle zeigen sollen, die sie gar nicht haben.« […] »Je weniger Einfluss Angestellte auf ihre Aufgabe haben, umso negativer wirkt sich ein Zwang zu Höflichkeit aus.«

Auch die Psychologin Hildegard Belardi befasst sich seit Jahren mit Patienten, die buchstäblich ihren Humor verloren haben. »Grundsätzlich ist Lachen natürlich gesund. Allein wenn man sich schon morgens selbst im Spiegel anlächelt, hat das heilende Wirkung«, sagt sie. »Doch wie sonst auch im Leben macht allein die Dosis das Gift. Solange das Lächeln von innen und aus dem Herzen kommt, wird deswegen niemand krank«, sagt sie. Auch wenn man in manchen Situationen einfach gar nicht anders kann, als eine »gute Miene zum falschen Spiel« zu ziehen, drohe noch keine Gefahr. »Doch etwas anderes ist, wenn sich jemand andauernd verstellen muss und eine Laune vorgaukeln soll, die er gar nicht mit Leben füllen kann. […] Zum einen befinden sich gerade Beschäftigte im Handel […] in einer ständigen Konkurrenzsituation. Sie sehen die wirklich gut gelaunten Kollegen, was ihren Stress noch erhöht.« Zum anderen setzten manche Unternehmen immer noch auf das aus den USA stammende Prinzip der antrainierten Freundlichkeit. »Das kann jedoch falsch wirken, weil nicht die natürliche Freundlichkeit geschult, sondern lediglich eine Maske aufgesetzt wird.« […]

Genau diese Form des ungesunden »Zwangsgrinsens« lehnen daher viele deutsche Arbeitgeber auch ab. »Das persönliche Auftreten der Mitarbeiter besitzt natürlich einen erheblichen Stellenwert«, sagt Arno Metzler, Hauptgeschäftsführer des Bundesverbandes Freier Berufe (BFB). […] »Freundlich sein zu Kunden gehört aber eindeutig zum Teil der erbrachten Leistung. Das geschieht schließlich im eigenen Geschäftsinteresse.« […]

Auch der Bekleidungs-Riese »H&M« schult hier seine Verkäuferinnen und Verkäufer. »Grundlegende Standards erwarten wir natürlich von unseren Mitarbeitern. Die Persönlichkeit zählt, sie sollen Offenheit und eine positive Einstellung ausstrahlen. Aber echte Freundlichkeit entsteht vor allem dann, wenn unsere Angestellten Spaß an ihrer Arbeit haben. Dabei helfen wir ihnen auch mit speziellen Kursen«, sagt Swetlana Ernst, Sprecherin des Unternehmens. Auf echte Verbindlichkeit setzt auch die Deutsche Lufthansa. »Allgemein bilden wir unsere Service-Fachkräfte schon darin aus, wie sie in bestimmten Situationen trotzdem freundlich bleiben können. Ein aufgesetztes Lächeln wirkt jedoch immer unnatürlich, deshalb trainieren wir das unseren Mitarbeitern auch gar nicht erst an.« […]

Tobias von Heymann, Die Welt, 25.06.2013: »Wenn verordnetes Dauerlächeln krank macht«, http://www.welt.de/wirtschaft/karriere/article2143651/Wenn-verordnetes-Dauerlaecheln-krank-macht.html

M 3.5b Wenn verordnetes Dauerlächeln krank macht

1. Der Psychologe Dieter Zapf erforscht so genannte »Emotionsarbeit«. Welche Berufe könnte man Ihrer Einschätzung nach hierzu zählen? Nennen Sie Beispiele!

2. Wenn man im Beruf kontinuierlich gute Laune zeigen soll, kann dies negative seelische und auch körperliche Folgen haben.
    a) Welche Folgen werden im Text genannt?

    b) Welche Folgen können noch auftreten? Überlegen Sie!

Zusatzaufgaben:
1. Die Sprecherin von H&M sagt, »echte Freundlichkeit entsteht vor allem dann, wenn unsere Angestellten Spaß an ihrer Arbeit haben«. Was kann ein Unternehmen dafür tun? Sammeln Sie Ideen!
2. Lesen Sie im Internet den folgenden Text: http://www.fr-online.de/gesundheit/stresstherapie-lachen-hilft-laecheln-gegen-stress-,3242120,17017478.html (25.07.2013). Welche Wirkungen hat Lachen und Lächeln nach diesen Untersuchungen?
3. Beschreiben Sie in eigenen Worten die Methode, mit denen die Wissenschaftler dies herausgefunden haben.
4. Ist es demnach also doch in Ordnung, wenn man im Beruf dazu angehalten wird, sich zu verstellen? Vergleichen Sie die Aussagen des Textes mit **M 5**!

M 3.6 Wie sehr würde ich mich für meinen Beruf verstellen?

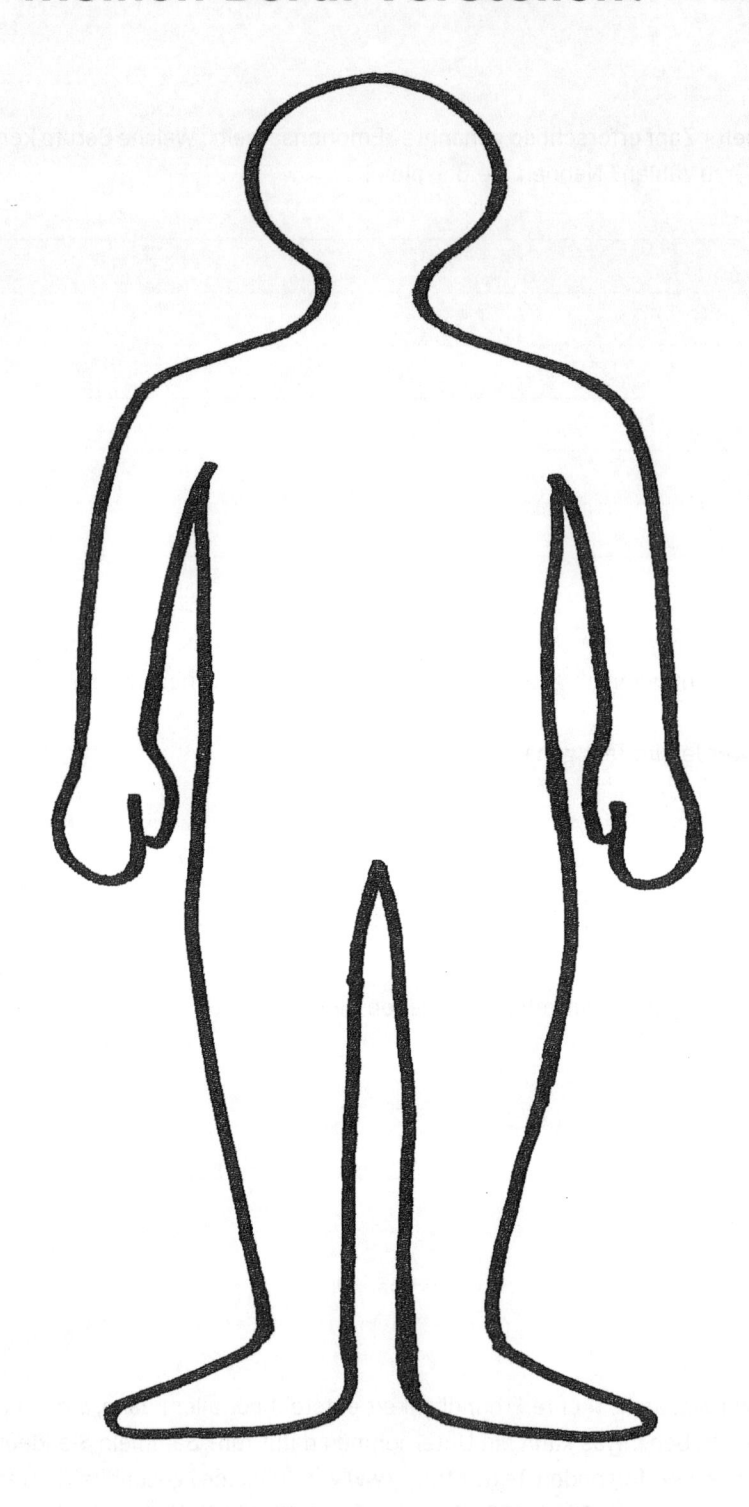

Aufgaben:
1. Schreiben Sie **um die Figur herum** Stichworte dazu auf, die Ihre Persönlichkeit *äußerlich* ausmachen (z. B. Kleidung)
2. Schreiben Sie **in die Figur** Stichworte dazu, was Ihre Persönlichkeit *innerlich* ausmacht (z. B. Gefühle)
3. Klammern Sie anschließend die Stichworte ein, die Sie bereit wären, für Ihren Beruf zu verbergen oder zu verändern!

Stadt – Land – Geld: Ein Spiel für alle Fälle

Die Spielidee stellt eine Variation des bekannten Spiels Stadt-Land-Fluss dar, wobei die gefragten Kategorien abgewandelt wurden. Das Spiel folgt dabei den Regeln der Vorlage:

Ein Schüler/eine Schülerin sagt leise das Alphabet auf, ein anderer ruft »Stopp!«.

Sobald der entsprechende Buchstabe laut genannt wurde, läuft die jeweilige Spielrunde.

Die Spieler, die sich mit ihren Stiften bereithalten, müssen für jede Kategorie einen Antwortbegriff finden, der mit dem genannten Buchstaben beginnt.

Sobald ein Spieler alle Kategorien ausgefüllt hat, ruft er »Stopp!«, alle Mitspieler müssen sofort aufhören zu schreiben.

Darauf folgt die Auswertung der Spielrunde:
Ein zutreffender Begriff, den aber mehrere Spieler gefunden haben, gibt für jeden dieser Spieler 5 Punkte. Ein Begriff, den nur ein Spieler gefunden hat, gibt 10 Punkte.

Wenn ein Spieler als einziger einen treffenden Begriff für diese Kategorie entdeckt hat, erhält er 25 Punkte.

Es ist auch möglich, die Spielzeit festzulegen (z. B. 1 Minute), der Lehrer muss dann allerdings die Zeit stoppen.

Natürlich können auch Gruppen gegeneinander antreten, wenn sie es schaffen, ihre Lösungsideen leise für sich zu besprechen. Allen Diskussionen, ob ein Begriff tatsächlich zur gesuchten Kategorie passt, sollten Spieler und Lehrer mit genügend Humor begegnen.

Stadt – Land – Geld

Ein Beruf	Ein reales Unternehmen	Eine Dienstleistung	Dafür kann man fristlos gekündigt werden	Was ich nie für Geld tun würde	Was man für Geld nicht kaufen kann

Wertung:
> Meinen Begriff haben auch noch andere Spieler gefunden: 5 Punkte
> Meinen Begriff habe nur ich gefunden: 10 Punkte
> Außer mir hat niemand sonst einen Begriff für diese Kategorie gefunden: 25 Punkte